Una guía práctica para la libertad personal

Un

libro

LOS CUATRO
ACUERDOS

de sabiduría

tolteca

DON MIGUEL RUIZ

AMBER-ALLEN PUBLISHING

SAN RAFAEL, CALIFORNIA

Publicado por Amber-Allen Publishing, Inc.
P.O. Box 6657
San Rafael, California 94903

Título original: *The Four Agreements*
Editora original: Janet Mills
Arte de funda: Nicholas Wilton, Studio Zocolo
Diseño de funda: Michele Wetherbee
Fotografía del autor: Ellen Denuto

Library of Congress Cataloging-in-Publication Data
Ruiz, Miguel, 1952- [Four agreements. Spanish] Los cuatro acuerdos :
una guía práctica para la libertad personal / Miguel Ruiz.
    p. cm. — (Un libro de sabiduría tolteca)
    ISBN 978-1-878424-36-5 (alk. paper)
    I. Conduct of life. 2. Toltec philosophy Miscellanea. I. Title.
    II. Series: Ruiz, Miguel, 1952- Toltec wisdom book. Spanish.
    [BJ1581.2.R8513 1999]   99-30981
    299' .792 — dc21   CIP

Impreso en el Canadá en papel no ácido
Distribuído por Hay House, Inc.

28 27 26 25 24 23 22 21 20 19 18 17 16 15

LOS CUATRO
ACUERDOS

Al *Círculo de Fuego;*
los que ya se han ido,
los que están presentes
y los que aún tienen que llegar.

Índice

Agradecimientos

ME GUSTARÍA EXPRESAR MI HUMILDE AGRADECIMIENTO a Sarita mi madre, que me enseñó el amor incondicional; a José Luis mi padre, que me enseñó disciplina; a mi abuelo Leonardo Macías, que me entregó la llave para acceder a los misterios toltecas, y a mis hijos Miguel, José Luis y Leonardo.

Deseo expresar mi más profundo afecto y aprecio a Gaya Jenkins y Trey Jenkins por su dedicación.

Me gustaría hacer extensiva mi más honda gratitud a Janet Mills, editora y creyente. También estaré permanentemente agradecido a Ray Chambers por iluminarme el camino.

Me gustaría manifestar mi respeto a mi querida amiga Gini Gentry, una «mente» increíble cuya fe me llegó al corazón.

Me gustaría también reconocer la contribución de las numerosas personas que generosamente entregaron su tiempo, su corazón y sus recursos para apoyar estas enseñanzas. Una lista parcial incluye a: Gae Buckley, Ted y Peggy Raess, Christinea Johnson, Judy «Red» Fruhbauer, Vicki Molinar, David y Linda Dibble, Bernadette Vigil, Cynthia Wootton, Alan Clark, Rita Rivera, Catherine Chase, Stephanie Bureau, Todd Kaprielian, Glenna Quigley, Allan and Randi Hardman, Cindee Pascoe, Tink y Chuck Cowgill, Roberto y Diane Páez, Siri Gian Singh Khalsa, Heather Ash, Larry Andrews, Judy Silver, Carolyn Hipp, Kim Hofer, Mersedeh Kheradmand, Diana y Sky Ferguson, Keri Kropidlowski, Steve Hasenburg, Dara Salour, Joaquín Galván, Woodie Bobb, Rachel Guerrero, Mark Gershon, Collette Michaan, Brandt Morgan, Katherine Kilgore (Kitty Kaur), Michael Gilardy, Laura Haney, Marc Cloptin, Wendy Bobb,

AGRADECIMIENTOS

Edwardo Fox, Yari Jaeda, Mary Carroll Nelson, Amari Magdelana, JaneAnn Dow, Russ Venable, Gu y Maya Khalsa, Mataji Rosita, Fred y Marion Vatinelli, Diane Laurent, V. J. Polich, Gail Dawn Price, Barbara Simon, Patti Torres, Kaye Thompson, Ramin Yazdani, Linda Lightfoot, Terry Gorton, Dorothy Lee, J. J. Frank (Julio Franco), Jennifer y Jeanne Jenkins, George Gorton, Tita Weems, Shelley Wolf, Gigi Boyce, Morgan Drasmin, Eddie Von Sonn, Sidney de Jong, Peg Hackett Cancienne, Germaine Bautista, Pilar Mendoza, Debbie Rund Caldwell, Bea La Scalla, Eduardo Rabasa y el Cowboy.

Los toltecas

HACE MILES DE AÑOS LOS TOLTECAS ERAN CONOCIDOS en todo el sur de México como «mujeres y hombres de conocimiento». Los antropólogos han definido a los toltecas como una nación o una raza, pero de hecho, eran científicos y artistas que formaron una sociedad para estudiar y conservar el conocimiento espiritual y las prácticas de sus antepasados. Formaron una comunidad de maestros *(naguales)* y estudiantes en Teotihuacán, la ciudad de las pirámides en las afueras de Ciudad de México, conocida como el lugar en el que «el hombre se convierte en Dios».

A lo largo de los milenios los *naguales* se vieron forzados a esconder su sabiduría ancestral y a mantener su existencia en secreto. La conquista europea, unida a un agresivo mal uso del poder personal por parte de algunos aprendices, hizo necesario proteger el conocimiento de aquellos que no estaban preparados para utilizarlo con buen juicio o que hubieran podido usarlo mal intencionadamente para obtener un beneficio personal.

Por fortuna, el conocimiento esotérico tolteca fue conservado y transmitido de una generación a otra por distintos linajes de *naguales*. Aunque permaneció oculto en el secreto durante cientos de años, las antiguas profecías vaticinaban que llegaría el momento en el que sería necesario devolver la sabiduría a la gente. Ahora, don Miguel Ruiz, un *nagual* del linaje de los Guerreros del Águila, ha sido guiado para divulgar las poderosas enseñanzas de los toltecas.

El conocimiento tolteca surge de la misma unidad esencial de la verdad de la que parten todas las tradiciones esotéricas sagradas del mundo. Aunque no es una religión, respeta a todos los maestros espirituales que han enseñado en la tierra, y si bien abarca el espíritu, resulta más preciso describirlo como una manera de vivir que se distingue por su fácil acceso a la felicidad y el amor.

LOS CUATRO
ACUERDOS

Introducción

Espejo Humeante

Hace tres mil años había un ser humano, igual que tú y que yo, que vivía cerca de una ciudad rodeada de montañas. Este ser humano estudiaba para convertirse en un chamán, para aprender el conocimiento de sus ancestros, pero no estaba totalmente de acuerdo con todo lo que aprendía. En su corazón sentía que debía de haber algo más.

Un día, mientras dormía en una cueva, soñó que veía su propio cuerpo durmiendo. Salió de la cueva a una noche de luna llena. El cielo estaba despejado y vio una infinidad de estrellas. Entonces, algo sucedió en su interior que transformó su vida para siempre. Se miró las manos, sintió su cuerpo y oyó su propia voz que decía: «Estoy hecho de luz; estoy hecho de estrellas».

Miró al cielo de nuevo y se dio cuenta de que no son las estrellas las que crean la luz, sino que es la luz la que crea las estrellas. «Todo está hecho de luz —dijo—, y el espacio de en medio no está vacío.» Y supo que todo lo que existe es un ser viviente, y que la luz es la mensajera de la vida, porque está viva y contiene toda la información.

Entonces se dio cuenta de que, aunque estaba hecho de estrellas, él no era esas estrellas. «Estoy en medio de las estrellas», pensó. Así que llamó a las estrellas el *tonal* y a la luz que había entre las estrellas el *nagual*, y supo que lo que creaba la armonía y el espacio entre ambos es la Vida o *Intento*. Sin Vida, el tonal y el nagual no existirían. La Vida es la fuerza de lo absoluto, lo supremo, la Creadora de todas las cosas.

Esto es lo que descubrió: Todo lo que existe es una manifestación del ser viviente al que llamamos Dios. Todas las cosas son Dios. Y llegó a la conclusión de que la percepción humana es sólo luz que percibe luz. También se dio cuenta de que la materia es un espejo — todo es un espejo que refleja luz y crea imágenes de esa luz — y el mundo de la ilusión, el *Sueño*, es tan sólo como un humo que nos impide ver lo que realmente somos. «Lo que realmente somos es puro amor, pura luz», dijo.

Este descubrimiento cambió su vida. Una vez supo lo que en verdad era, miró a su alrededor y vio a otros seres humanos y al resto de la naturaleza, y le asombró lo que vio. Se vio a sí mismo en todas las cosas: en cada ser humano, en cada animal, en cada árbol, en el agua, en la lluvia, en las nubes, en la tierra...Y vio que la Vida mezclaba el tonal y el nagual de distintas maneras para crear millones de manifestaciones de Vida.

En esos instantes lo comprendió todo. Se sentía entusiasmado y su corazón rebosaba paz. Estaba impaciente por revelar a su gente lo que había descubierto. Pero no había palabras para explicarlo. Intentó describirlo a los demás, pero no lo entendían. Vieron que había cambiado, que algo muy bello irradiaba de sus ojos y de su voz. Comprobaron que ya no emitía juicios sobre nada ni nadie. Ya no se parecía a nadie.

Él los comprendía muy bien a todos, pero a él nadie lo comprendía. Creyeron que era una encarnación de Dios; al oírlo, él sonrió y dijo: «Es cierto. Soy Dios. Pero vosotros también lo sois. Todos somos iguales. Somos imágenes de luz. Somos Dios». Pero la gente seguía sin entenderlo.

Había descubierto que era un espejo para los demás, un espejo en el que podía verse a sí mismo. «Cada uno es un espejo», dijo. Se veía en todos, pero nadie se veía a sí mismo en él. Y comprendió que todos soñaban pero sin tener conciencia de ello, sin saber lo que realmente eran. No podían verse a ellos mismos en él porque había un muro de niebla o humo entre los espejos. Y ese muro de niebla estaba construido por la interpretación de las imágenes de luz: el Sueño de los seres humanos.

Entonces supo que pronto olvidaría todo lo que había aprendido. Quería acordarse de todas las visiones que había tenido, así que decidió llamarse a sí mismo Espejo Humeante para recordar siempre que la materia es un espejo y que el humo que hay en medio es lo que nos impide saber qué somos. Y dijo: «Soy Espejo Humeante porque me veo en todos vosotros, pero no nos reconocemos mutuamente por el humo que hay entre nosotros. Ese humo es el *Sueño*, y el espejo eres tú, el soñador».

Es fácil vivir con los ojos cerrados,
interpretando mal todo lo que se ve ...
— John Lennon

1

La domesticación y
el sueño del planeta

LO QUE VES Y ESCUCHAS AHORA MISMO NO ES MÁS
que un sueño. En este mismo momento estás soñando.
Sueñas con el cerebro despierto.

Soñar es la función principal de la mente, y la
mente sueña veinticuatro horas al día. Sueña cuando el
cerebro está despierto y también cuando está dormido.
La diferencia estriba en que, cuando el cerebro está

despierto, hay un marco material que nos hace percibir las cosas de una forma lineal. Cuando dormimos no tenemos ese marco, y el sueño tiende a cambiar constantemente.

Los seres humanos soñamos todo el tiempo. Antes de que naciésemos, aquellos que nos precedieron crearon un enorme sueño externo que llamaremos el sueño de la sociedad o *el sueño del planeta*. El sueño del planeta es el sueño colectivo hecho de miles de millones de sueños más pequeños, de sueños personales que, unidos, crean un sueño de una familia, un sueño de una comunidad, un sueño de una ciudad, un sueño de un país, y finalmente, un sueño de toda la humanidad. El sueño del planeta incluye todas las reglas de la sociedad, sus creencias, sus leyes, sus religiones, sus diferentes culturas y maneras de ser, sus gobiernos, sus escuelas, sus acontecimientos sociales y sus celebraciones.

Nacemos con la capacidad de aprender a soñar, y los seres humanos que nos preceden nos enseñan a soñar de la forma en que lo hace la sociedad. El sueño externo tiene tantas reglas que, cuando nace un niño, captamos su atención para introducir estas reglas en su mente. El sueño externo utiliza a mamá y papá, la escuela y la religión para enseñarnos a soñar.

La *atención* es la capacidad que tenemos de discernir y centrarnos en aquello que queremos percibir. Percibimos millones de cosas simultáneamente, pero utilizamos nuestra atención para retener en el primer plano de nuestra mente lo que nos interesa. Los adultos que nos rodeaban captaron nuestra atención y, por medio de la repetición, introdujeron información en nuestra mente. Así es como aprendimos todo lo que sabemos.

Utilizando nuestra atención aprendimos una realidad completa, un sueño completo. Aprendimos cómo comportarnos en sociedad: qué creer y qué no creer; qué es aceptable y qué no lo es; qué es bueno y qué es malo; qué es bello y qué es feo; qué es correcto y qué es incorrecto. Ya estaba todo allí: todo el conocimiento, todos los conceptos y todas las reglas sobre la manera de comportarse en el mundo.

Cuando íbamos al colegio, nos sentábamos en una silla pequeña y prestábamos atención a lo que el maestro nos enseñaba. Cuando íbamos a la iglesia, prestábamos atención a lo que el sacerdote o el pastor nos decía. La misma dinámica funcionaba con mamá y papá, y con nuestros hermanos y hermanas. Todos intentaban captar nuestra atención. También aprendimos a captar la atención de otros seres humanos y desarrollamos una necesidad de atención que siempre acaba siendo muy competitiva. Los niños compiten por la atención de sus padres, sus profesores, sus amigos: «¡Mírame! ¡Mira lo que hago! ¡Eh, que estoy aquí!». La necesidad de atención se vuelve muy fuerte y continúa en la edad adulta.

El sueño externo capta nuestra atención y nos enseña qué creer, empezando por la lengua que hablamos. El lenguaje es el código que utilizamos los seres humanos para comprendernos y comunicarnos. Cada letra, cada palabra de cada lengua, es un acuerdo. Llamamos a esto una página de un libro; la palabra *página* es un acuerdo que comprendemos. Una vez entendemos el código, nuestra atención queda atrapada y la energía se transfiere de una persona a otra.

Tú no escogiste tu lengua, ni tu religión ni tus valores morales: ya estaban ahí antes de que nacieras. Nunca tuvimos la oportunidad de elegir qué creer y qué no creer. Nunca escogimos ni el más insignificante de estos acuerdos. Ni siquiera elegimos nuestro propio nombre.

De niños no tuvimos la oportunidad de escoger nuestras creencias, pero estuvimos *de acuerdo* con la información que otros seres humanos nos transmitieron del sueño del planeta. La única forma de almacenar información es por acuerdo. El sueño externo capta nuestra atención, pero si no estamos de acuerdo, no almacenaremos esa información. Tan pronto como estamos de acuerdo con algo, nos lo *creemos*, y a eso lo llamamos «fe». Tener fe es creer incondicionalmente.

Así es como aprendimos cuando éramos niños. Los niños creen todo lo que dicen los adultos. Estábamos de acuerdo con ellos, y nuestra fe era tan fuerte, que el sistema de creencias que se nos había transmitido controlaba totalmente el sueño de nuestra vida. No escogimos estas creencias, y aunque quizá nos rebelamos contra ellas, no éramos lo bastante fuertes para que nuestra rebelión triunfase. El resultado es que nos rendimos a las creencias mediante nuestro *acuerdo*.

Llamo a este proceso «la domesticación de los seres humanos». A través de esta domesticación aprendemos a vivir y a soñar. En la domesticación humana, la información del sueño externo se transfiere al sueño interno y crea todo nuestro sistema de creencias. En primer lugar, al niño se le enseña el nombre de las cosas: mamá, papá, leche, botella... Día a día, en casa, en la escuela, en la iglesia y desde la televisión, nos dicen cómo hemos de vivir, qué tipo de comportamiento es aceptable. El sueño externo nos enseña cómo ser seres humanos. Tenemos todo un concepto de lo que es una «mujer» y de lo que es un «hombre». Y también aprendemos a juzgar: Nos juzgamos a nosotros mismos, juzgamos a otras personas, juzgamos a nuestros vecinos...

Domesticamos a los niños de la misma manera en que domesticamos a un perro, un gato o cualquier otro animal. Para enseñar a un perro, lo castigamos y lo recompensamos. Adiestramos a nuestros niños, a quienes tanto queremos, de la misma forma en que adiestramos a cualquier animal doméstico: con un sistema de premios y castigos. Nos decían: «Eres un niño bueno», o: «Eres una niña buena», cuando hacíamos lo que mamá y papá querían que hiciéramos. Cuando no lo hacíamos, éramos «una niña mala» o «un niño malo».

Cuando no acatábamos las reglas, nos castigaban; cuando las cumplíamos, nos premiaban. Nos castigaban y nos premiaban muchas veces al día. Pronto empezamos a tener miedo de ser castigados y también de no recibir la recompensa, es decir, la atención de nuestros padres o de otras personas como hermanos, profesores y amigos. Con el tiempo desarrollamos la necesidad de captar la atención de los demás para conseguir nuestra recompensa.

Cuando recibíamos el premio nos sentíamos bien, y por ello, continuamos haciendo lo que los demás querían que hiciéramos. Debido a ese miedo a ser castigados y a no recibir la recompensa, empezamos a fingir que éramos lo que no éramos, con el único fin de complacer a los demás, de ser lo bastante buenos para otras personas. Empezamos a actuar para intentar complacer a mamá y a papá, a los profesores y a la iglesia. Fingimos ser lo que no éramos porque nos daba miedo que nos rechazaran. El miedo a ser rechazados se convirtió en el miedo a no ser lo bastante buenos. Al final, acabamos siendo alguien que no éramos. Nos convertimos en una copia de las creencias de mamá, las creencias de papá, las creencias de la sociedad y las creencias de la religión.

En el proceso de domesticación, perdimos todas nuestras tendencias naturales. Y cuando fuimos lo bastante mayores para que nuestra mente lo comprendiera, aprendimos a decir que *no*. El adulto decía: «No hagas esto y no hagas lo otro». Nosotros nos rebelábamos y respondíamos: «¡No!». Nos rebelábamos para defender nuestra libertad. Queríamos ser nosotros mismos, pero éramos muy pequeños y los adultos eran grandes y fuertes. Después de cierto tiempo, empezamos a sentir miedo porque sabíamos que cada vez que hiciéramos algo incorrecto recibiríamos un castigo.

La domesticación es tan poderosa que, en un determinado momento de nuestra vida, ya no necesitamos que nadie nos domestique. No necesitamos que mamá o papá, la escuela o la iglesia nos domestiquen. Estamos tan bien entrenados que somos nuestro propio domador. Somos un animal autodomesticado. Ahora nos domesticamos a nosotros mismos según el sistema de creencias que nos transmitieron y utilizando el mismo sistema de castigo y recompensa. Nos castigamos a nosotros mismos cuando no seguimos las reglas de nuestro sistema de creencias; nos premiamos cuando somos «un niño bueno» o «una niña buena».

Nuestro sistema de creencias es como el Libro de la Ley que gobierna nuestra mente. No es cuestionable; cualquier cosa que esté en ese Libro de la Ley es nuestra verdad. Basamos todos nuestros juicios en él, aun cuando vayan en contra de nuestra propia naturaleza interior. Durante el proceso de domesticación, se programaron en nuestra mente incluso leyes morales como los Diez Mandamientos. Uno a uno, todos esos acuerdos forman el Libro de la Ley y dirigen nuestro sueño.

Hay algo en nuestra mente que lo juzga todo y a todos, incluso el clima, el perro, el gato... Todo. El Juez interior utiliza lo que está en nuestro Libro de la Ley para juzgar todo lo que hacemos y dejamos de hacer, todo lo que pensamos y no pensamos, todo lo que sentimos y no sentimos. Cada vez que hacemos algo que va contra el Libro de la Ley, el Juez dice que somos culpables, que necesitamos un castigo, que debemos sentirnos avergonzados. Esto ocurre muchas veces al día, día tras día, durante todos los años de nuestra vida.

Hay otra parte en nosotros que recibe los juicios, y a esa parte la llamamos «la Víctima». La Víctima carga con la culpa, el reproche y la vergüenza. Es esa parte nuestra que dice: «¡Pobre de mí! No soy suficientemente bueno, ni inteligente ni atractivo, y no merezco ser amado. ¡Pobre de mí!». El gran Juez lo reconoce y dice: «Sí, no vales lo suficiente». Y todo esto se fundamenta en un sistema de creencias en el que jamás escogimos creer. Y el sistema es tan fuerte que, incluso años después de haber entrado en contacto con nuevos conceptos y de intentar tomar nuestras propias decisiones, nos damos cuenta de que esas creencias todavía controlan nuestra vida.

Cualquier cosa que vaya contra el Libro de la Ley hará que sintamos una extraña sensación en el plexo solar, una sensación que se llama *miedo*. Incumplir las reglas del Libro de la Ley abre nuestras heridas emocionales, y reaccionamos creando veneno emocional. Dado que todo lo que está en el Libro de la Ley tiene que ser verdad, cualquier cosa que ponga en tela de juicio lo que creemos nos hace sentir inseguros. Aunque el Libro de la Ley esté equivocado, hace que nos *sintamos seguros*.

Por este motivo, necesitamos una gran valentía para desafiar nuestras propias creencias; porque, aunque sepamos que no las escogimos, también es cierto que las aceptamos. El acuerdo es tan fuerte, que incluso cuando sabemos que el concepto es erróneo, sentimos la culpa, el reproche y la vergüenza que aparecen cuando actuamos en contra de esas reglas.

De la misma forma que el gobierno tiene un Código de Leyes que dirige el sueño de la sociedad, nuestro sistema de creencias es el Libro de la Ley que gobierna nuestro sueño personal. Todas estas leyes existen en nuestra mente, creemos en ellas, y nuestro Juez interior lo basa todo en ellas. El Juez decreta y la Víctima sufre la culpa y el castigo. Pero ¿quién dice que este sueño sea justo? La verdadera justicia consiste en pagar sólo una vez por cada error. Lo que es verdaderamente *injusto* es pagar varias veces por el mismo error.

¿Cuántas veces pagamos por un mismo error? La respuesta es: miles de veces. El ser humano es el único animal sobre la tierra que paga miles de veces por el mismo error. Los demás animales pagan sólo una vez por cada error. Pero nosotros no. Tenemos una gran memoria. Cometemos una equivocación, nos juzgamos a nosotros mismos, nos declaramos culpables y nos castigamos. Si fuese una cuestión de justicia, con eso bastaría; no necesitamos repetirlo. Pero cada vez que lo recordamos, nos juzgamos de nuevo, volvemos a considerarnos culpables y nos volvemos a castigar, una y otra vez, y otra, y otra más. Si estamos casados, también nuestra mujer o nuestro marido nos recuerda el error, y así volvemos a juzgarnos de nuevo, nos castigamos otra vez y nos volvemos a sentir culpables. ¿Acaso es esto justo?

¿Cuántas veces hacemos que nuestra pareja, nuestros hijos o nuestros padres paguen por el mismo error? Cada vez que recordamos el error, los culpamos de nuevo y les enviamos todo el veneno emocional que sentimos frente a la injusticia, hacemos que vuelvan a pagar por ello. ¿Eso es justicia? El Juez de la mente está equivocado porque el sistema de creencias, el Libro de la Ley, es erróneo. Todo el sueño se fundamenta en una ley falsa. El 95 por ciento de las creencias que hemos almacenado en nuestra mente no son más que mentiras, y si sufrimos es porque creemos en todas ellas.

En el sueño del planeta, a los seres humanos les resulta normal sufrir, vivir con miedo y crear dramas emocionales. El sueño externo no es un sueño placentero; es un sueño lleno de violencia, de miedo, de guerra, de injusticia. El sueño personal de los seres humanos varía, pero en conjunto es una pesadilla. Si observamos la sociedad humana, comprobamos que es un lugar en el que resulta muy difícil vivir, porque está gobernado por el miedo. En el mundo entero, vemos sufrimiento, cólera, venganza, adicciones, violencia en las calles y una tremenda injusticia. Esto existe en diferentes niveles en los distintos países del mundo, pero el miedo controla el sueño externo.

Si comparamos el sueño de la sociedad humana con la descripción del infierno que las distintas religiones de todo el mundo han divulgado, descubrimos que son exactamente iguales. Las religiones dicen que el infierno es un lugar de castigo, de miedo, de dolor y de sufrimiento, un lugar donde el fuego te quema. Cada vez que sentimos emociones como la cólera, los celos, la envidia o el odio, experimentamos un fuego que arde en nuestro interior. Vivimos en el sueño del infierno.

Si consideramos que el infierno es un estado de ánimo, entonces nos rodea por todas partes. Tal vez otras personas nos adviertan que si no hacemos lo que ellas dicen que deberíamos hacer, iremos al infierno. Pero ya estamos en el infierno, incluso la gente que nos dice eso. Ningún ser humano puede condenar a otro al infierno, porque ya estamos en él. Es cierto que los demás pueden llevarnos a un infierno todavía más profundo, pero únicamente si nosotros se lo permitimos.

Cada ser humano, hombre o mujer, tiene su sueño personal, que, al igual que ocurre con el sueño de la sociedad, a menudo está dirigido por el miedo. Aprendemos a soñar el infierno en nuestra propia vida, en nuestro sueño personal. El mismo miedo se manifiesta de distintas maneras en cada persona, por supuesto, pero todos sentimos cólera, celos, odio, envidia y otras emociones negativas. Nuestro sueño personal también puede convertirse en una pesadilla permanente en la que sufrimos y vivimos en un estado de miedo constante. Sin embargo, no es necesario que nuestro sueño sea una pesadilla. Podemos disfrutar de un sueño agradable.

Toda la humanidad busca la verdad, la justicia y la belleza. Estamos inmersos en una búsqueda eterna de la verdad porque sólo creemos en las mentiras que hemos almacenado en nuestra mente. Buscamos la justicia porque en el sistema de creencias que tenemos no existe. Buscamos la belleza porque, por muy bella que sea una persona, no creemos que lo sea. Seguimos buscando y buscando cuando todo está ya en nosotros. No hay ninguna verdad que encontrar. Dondequiera que miremos, todo lo que vemos es la verdad, pero debido a los acuerdos y las creencias que hemos almacenado en nuestra mente, no tenemos ojos para verla.

No vemos la verdad porque estamos ciegos. Lo que nos ciega son todas esas falsas creencias que tenemos en la mente. Necesitamos sentir que tenemos razón y que los demás están equivocados. Confiamos en lo que creemos, y nuestras creencias nos invitan a sufrir. Es como si viviésemos en medio de una bruma que nos impide ver más allá de nuestras propias narices. Vivimos en una bruma que ni tan siquiera es real. Es un sueño, nuestro sueño personal de la vida: lo que creemos, todos los conceptos que tenemos sobre lo que somos, todos los acuerdos a los que hemos llegado con los demás, con nosotros mismos e incluso con Dios.

Toda nuestra mente es una bruma que los toltecas llamaron *mitote*. Nuestra mente es un sueño en el que miles de personas hablan a la vez y nadie comprende a nadie. Esta es la condición de la mente humana: un gran *mitote*, y así es imposible ver lo que realmente somos. En la India lo llaman *maya*, que significa «ilusión». Es nuestro concepto de «Yo soy». Todo lo que creemos sobre nosotros mismos y el mundo, todos los conceptos y programas que tenemos en la mente, todo eso es el *mitote*. Nos resulta imposible ver quiénes somos verdaderamente; nos resulta imposible ver que no somos libres.

Esta es la razón por la cual los seres humanos nos resistimos a la vida. Estar vivos es nuestro mayor miedo. No es la muerte; nuestro mayor miedo es arriesgarnos a vivir: correr el riesgo de estar vivos y de expresar lo que realmente somos. Hemos aprendido a vivir intentando satisfacer las exigencias de otras personas. Hemos aprendido a vivir según los puntos de vista de los demás por miedo a no ser aceptados y de no ser lo suficientemente buenos para otras personas.

Durante el proceso de domesticación, nos formamos una imagen mental de la perfección con el fin de tratar de ser lo suficientemente buenos. Creamos una imagen de cómo deberíamos ser para que los demás nos aceptaran. Intentamos complacer especialmente a las personas que nos aman, como papá y mamá, nuestros hermanos y hermanas mayores, los sacerdotes y los profesores. Al tratar de ser lo suficientemente buenos para ellos, creamos una imagen de perfección, pero no encajamos en ella. Creamos esa imagen, pero no es una imagen real. Bajo ese punto de vista, nunca seremos perfectos. ¡Nunca!

Como no somos perfectos, nos rechazamos a nosotros mismos. El grado de rechazo depende de lo efectivos que hayan sido los adultos para romper nuestra integridad. Tras la domesticación, ya no se trata de que seamos lo suficientemente buenos para los demás. No somos lo bastante buenos para nosotros mismos porque no encajamos en nuestra propia imagen de perfección. Nos resulta imposible perdonarnos por no ser lo que desearíamos ser, o mejor dicho, por no ser quien *creemos* que deberíamos ser. No podemos perdonarnos por no ser perfectos.

Sabemos que no somos lo que creemos que deberíamos ser, de modo que nos sentimos falsos, frustrados y deshonestos. Intentamos ocultarnos y fingimos ser lo que no somos. El resultado es un sentimiento de falta de autenticidad y una necesidad de utilizar máscaras sociales para evitar que los demás se den cuenta. Nos da mucho miedo que alguien descubra que no somos lo que pretendemos ser. También juzgamos a los demás según nuestra propia imagen de la perfección, y naturalmente no alcanzan nuestras expectativas.

Nos deshonramos a nosotros mismos sólo para complacer a otras personas. Incluso llegamos a dañar nuestro cuerpo para que los demás nos acepten. Vemos a adolescentes que se drogan con el único fin de no ser rechazados por otros adolescentes. No son conscientes de que el problema estriba en que no se aceptan a sí mismos. Se rechazan porque no son lo que pretenden ser. Desean ser de una manera determinada, pero no lo son, y esto hace que se sientan culpables y avergonzados. Los seres humanos nos castigamos a nosotros mismos sin cesar por no ser como creemos que deberíamos ser. Nos maltratamos a nosotros mismos y utilizamos a otras personas para que nos maltraten.

Pero nadie nos maltrata más que nosotros mismos; el Juez, la Víctima y el sistema de creencias son los que nos llevan a hacerlo. Es cierto que algunas personas dicen que su marido o su mujer, su madre o su padre las maltrató, pero sabemos que nosotros nos maltratamos todavía más. Nuestra manera de juzgarnos es la peor que existe. Si cometemos un error delante de los demás, intentamos negarlo y taparlo; pero tan pronto como estamos solos, el Juez se vuelve tan tenaz y el reproche es tan fuerte, que nos sentimos realmente estúpidos, inútiles o indignos.

Nadie, en toda tu vida, te ha maltratado más que tú mismo. El límite del maltrato que tolerarás de otra persona es exactamente el mismo al que te sometes tú. Si alguien llega a maltratarte un poco más, lo más probable es que te alejes de esa persona. Sin embargo, si alguien te maltrata un poco menos de lo que sueles maltratarte tú, seguramente continuarás con esa relación y la tolerarás siempre.

Si te castigas de forma exagerada, es posible que incluso llegues a tolerar a alguien que te agrede físicamente, te humilla y te trata como si fueras basura. ¿Por qué? Porque, de acuerdo con tu sistema de creencias, dices: «Me lo merezco. Esta persona me hace un favor al estar conmigo. No soy digno de amor ni de respeto. No soy suficientemente bueno».

Necesitamos que los demás nos acepten y nos amen, pero nos resulta imposible aceptarnos y amarnos a nosotros mismos. Cuanta más autoestima tenemos, menos nos maltratamos. El abuso de uno mismo nace del autorrechazo, y éste de la imagen que tenemos de lo que significa ser perfecto y de la imposibilidad de alcanzar ese ideal. Nuestra imagen de perfección es la razón por la cual nos rechazamos; es el motivo por el cual no nos aceptamos a nosotros mismos tal como somos y no aceptamos a los demás tal como son.

EL PRELUDIO DE UN NUEVO SUEÑO

Has establecido millares de acuerdos contigo mismo, con otras personas, con el sueño que es tu vida, con Dios, con la sociedad, con tus padres, con tu pareja, con tus hijos; pero los acuerdos más importantes son los que has hecho contigo mismo. En esos acuerdos te has dicho quién eres, qué sientes, qué crees y cómo debes comportarte. El resultado es lo que llamas tu personalidad. En esos acuerdos dices: «Esto es lo que soy. Esto es lo que creo. Soy capaz de hacer ciertas cosas y hay otras que no puedo hacer. Esto es real y lo otro es fantasía; esto es posible y aquello es imposible».

Un solo acuerdo no sería un gran problema, pero tenemos muchos acuerdos que nos hacen sufrir, que nos hacen fracasar en la vida. Si quieres vivir con alegría y satisfacción, debes hallar la valentía necesaria para romper esos acuerdos que se basan en el miedo y reclamar tu poder personal. Los acuerdos que surgen del miedo requieren un gran gasto de energía, pero los que surgen del amor nos ayudan a conservar nuestra energía e incluso a aumentarla.

Todos nacemos con una determinada cantidad de poder personal que se renueva cada día con el descanso. Desgraciadamente, gastamos todo nuestro poder personal primero en crear esos acuerdos, y después en mantenerlos. Los acuerdos a los que hemos llegado consumen nuestro poder personal, y el resultado es que nos sentimos impotentes. Sólo nos queda el poder justo para sobrevivir cada día, porque utilizamos la mayor parte de él en mantener los acuerdos que nos atrapan en el sueño del planeta. ¿Cómo podemos cambiar todo el sueño de nuestra vida cuando ni siquiera tenemos poder para cambiar hasta el acuerdo más insignificante?

Si somos capaces de reconocer que nuestra vida está gobernada por nuestros acuerdos y el sueño de nuestra vida no nos gusta, necesitamos cambiar los acuerdos. Cuando finalmente estemos dispuestos a cambiarlos, habrá cuatro acuerdos muy poderosos que

a romper aquellos otros que surgen del

gotan nuestra energía.

Cada vez que rompes un acuerdo, todo el poder que utilizaste para crearlo vuelve a ti. Si los adoptas, estos cuatro acuerdos crearán el poder personal necesario para que cambies todo tu antiguo sistema de acuerdos.

Necesitas una gran voluntad para adoptar los Cuatro Acuerdos, pero si eres capaz de empezar a vivir con ellos, tu vida se transformará de una manera asombrosa. Verás cómo el drama del infierno desaparece delante de tus mismos ojos. En lugar de vivir en el sueño del infierno, crearás un nuevo sueño: tu sueño personal del cielo.

2

EL PRIMER ACUERDO

Sé impecable con tus palabras

EL PRIMER ACUERDO ES EL MÁS IMPORTANTE Y también el más difícil de cumplir. Es tan importante que sólo con él ya serás capaz de alcanzar el nivel de existencia que yo denomino «el cielo en la tierra».

El Primer Acuerdo consiste en *ser impecable con tus palabras*. Parece muy simple, pero es sumamente poderoso.

¿Por qué tus palabras? Porque constituyen el poder que tienes para crear. Son un don que proviene directamente de Dios. En la Biblia, el Evangelio de San Juan empieza diciendo: «En el principio existía el Verbo, y el Verbo estaba con Dios, y el Verbo era Dios». Mediante las palabras expresas tu poder creativo, lo revelas todo. Independientemente de la lengua que hables, tu intención se pone de manifiesto a través de las palabras. Lo que sueñas, lo que sientes y lo que realmente eres, lo muestras por medio de las palabras.

No son sólo sonidos o símbolos escritos. Son una fuerza; constituyen el poder que tienes para expresar y comunicar, para pensar y, en consecuencia, para crear los acontecimientos de tu vida. Puedes hablar. ¿Qué otro animal del planeta puede hacerlo? Las palabras son la herramienta más poderosa que tienes como ser humano, el instrumento de la magia. Pero son como una espada de doble filo: pueden crear el sueño más bello o destruir todo lo que te rodea. Uno de los filos es el uso erróneo de las palabras, que crea un infierno en vida. El otro es la impecabilidad de las palabras, que sólo engendrará belleza, amor y el cielo en la tierra. Según cómo las utilices, las palabras te liberarán o te esclavizarán aún más de lo que imaginas. Toda la magia que posees se basa en tus palabras. Son pura magia, y si las utilizas mal, se convierten en magia negra.

Esta magia es tan poderosa, que una sola palabra puede cambiar una vida o destruir a millones de personas. Hace años, en Alemania, mediante el uso de las palabras, un hombre manipuló a un país entero de gente muy inteligente. Los llevó a una guerra mundial sólo con el poder de sus palabras. Convenció a otros para que cometieran los más atroces actos de violencia. Activó el miedo de la gente, y de pronto, como una gran explosión, empezaron las matanzas y el mundo estalló en guerra. En todo el planeta los seres humanos han destruido a otros seres humanos porque tenían miedo. Las palabras de Hitler, que se basaban en creencias y acuerdos generados por el miedo, serán recordadas durante siglos.

La mente humana es como un campo fértil en el que continuamente se están plantando semillas. Las semillas son opiniones, ideas y conceptos. Tú plantas una semilla, un pensamiento, y éste crece. Las palabras son como semillas, ¡y la mente humana es muy fértil! El único problema es que, con demasiada frecuencia, es fértil para las semillas del miedo. Todas las mentes humanas son fértiles, pero sólo para la clase de semilla para la que están preparadas. Lo importante es descubrir para qué clase de semillas es fértil nuestra mente, y prepararla para recibir las semillas del amor.

Fíjate en el ejemplo de Hitler: Sembró todas aquellas semillas de miedo, que crecieron muy fuertes y consiguieron una extraordinaria destrucción masiva. Teniendo en cuenta el pavoroso poder de las palabras, debemos comprender cuál es el poder que emana de nuestra boca. Si plantamos un miedo o una duda en nuestra mente, creará una serie interminable de acontecimientos. Una palabra es como un hechizo, y los humanos utilizamos las palabras como magos de magia negra, hechizándonos los unos a los otros imprudentemente.

Todo ser humano es un mago, y por medio de las palabras, puede hechizar a alguien o liberarlo de un hechizo. Continuamente estamos lanzando hechizos con nuestras opiniones. Por ejemplo, me encuentro con un amigo y le doy una opinión que se me acaba de ocurrir. Le digo: «¡Mmmm! Veo en tu cara el color de los que acaban teniendo cáncer». Si escucha esas palabras y está de acuerdo, desarrollará un cáncer en menos de un año. Ese es el poder de las palabras.

Durante nuestra domesticación, nuestros padres y hermanos expresaban sus opiniones sobre nosotros sin pensar. Nosotros nos creíamos lo que nos decían y vivíamos con el miedo que nos provocaban sus opiniones, como la de que no servíamos para nada, para los deportes o para escribir. Alguien da una opinión y dice: «¡Mira qué niña tan fea!». La niña lo oye, se cree que es fea y crece con esa idea en la cabeza. No importa lo guapa que sea; mientras mantenga ese acuerdo, creerá que es fea. Estará bajo ese hechizo.

Este acuerdo es muy difícil de romper, y es posible que te lleve a realizar muchas cosas con el único fin de convencerte de que realmente eres estúpido. Puede que hagas algo y te digas a ti mismo: «Me gustaría ser inteligente, pero debo de ser estúpido, porque si no lo fuera, no habría hecho esto». La mente se mueve en cientos de direcciones diferentes y podríamos pasarnos días enteros atrapados únicamente por la creencia en nuestra propia estupidez.

Pero un día alguien capta tu atención y con palabras te hace saber que no eres estúpido. Crees lo que esa persona dice y llegas a un nuevo acuerdo. Y el resultado es que dejas de sentirte o de actuar como un estúpido. Se ha roto todo el hechizo sólo con la fuerza de las palabras. Y a la inversa, si crees que eres estúpido y alguien capta tu atención y te dice: «Sí, realmente eres la persona más estúpida que jamás he conocido», el acuerdo se verá reforzado y se volverá todavía más firme.

§

Veamos ahora lo que significa la palabra «impecabilidad». Significa «sin pecado». «Impecable» proviene del latín *pecatus*, que quiere decir «pecado». El *im* significa «sin», de modo que «impecable» quiere decir «sin pecado». Las religiones hablan del pecado y de los pecadores, pero entendamos qué significa realmente pecar. Un pecado es cualquier cosa que haces y que va contra ti. Todo lo que sientas, creas o digas que vaya contra ti es un pecado. Vas contra ti cuando te juzgas y te culpas por cualquier cosa. No pecar es hacer exactamente lo contrario. Ser impecable es no ir contra ti mismo. Cuando eres impecable, asumes la responsabilidad de tus actos, pero sin juzgarte ni culparte.

Desde este punto de vista, todo el concepto de pecado deja de ser algo moral o religioso para convertirse en una cuestión de puro sentido común. El pecado empieza con el rechazo de uno mismo. El mayor pecado que cometes es rechazarte a ti mismo. En términos religiosos, el autorrechazo es un «pecado mortal», es decir que te conduce a la muerte. En cambio, la impecabilidad te conduce a la vida.

Ser impecable con tus palabras es no utilizarlas contra ti mismo. Si te veo en la calle y te llamo estúpido, puede parecer que utilizo esa palabra contra ti, pero en realidad la utilizo contra mí mismo, porque tú me odiarás por ello y tu odio no será bueno para mí. Por lo tanto, si me enfurezco y con mis palabras te envío todo mi veneno emocional, las estoy utilizando en mi contra.

Si me amo a mí mismo, expresaré ese amor en mis relaciones contigo y seré impecable con mis palabras, porque la acción provoca una reacción semejante. Si te amo, tú me amarás. Si te insulto, me insultarás. Si siento gratitud por ti, tú la sentirás por mí. Si soy egoísta contigo, tú lo serás conmigo. Si utilizo mis palabras para hechizarte, tú emplearás las tuyas para hechizarme a mí.

Ser impecable con tus palabras significa utilizar tu energía correctamente, en la dirección de la verdad y del amor por ti mismo. Si llegas a un acuerdo contigo para ser impecable con tus palabras, eso bastará para que la verdad se manifieste a través de ti y limpie todo el veneno emocional que hay en tu interior. Pero llegar a este acuerdo es difícil, porque hemos aprendido a hacer precisamente todo lo contrario. Hemos aprendido a hacer de la mentira un hábito al comunicarnos con los demás, y aún más importante, al hablar con nosotros mismos. No somos impecables con nuestras palabras.

En el infierno, el poder de las palabras se emplea de un modo totalmente erróneo. Las usamos para maldecir, para culpar, para reprochar, para destruir. También las utilizamos correctamente, por supuesto, pero no lo hacemos muy a menudo. Por lo general, empleamos las palabras para propagar nuestro veneno personal: para expresar rabia, celos, envidia y odio. Las palabras son pura magia — el don más poderoso que tenemos como seres humanos — y las utilizamos contra nosotros mismos. Planeamos vengarnos y creamos caos con las palabras. Las usamos para fomentar el odio entre las distintas razas, entre diferentes personas, entre las familias, entre las naciones... Hacemos un mal uso de las palabras con gran frecuencia, y así es como creamos y perpetuamos el sueño del infierno. Con el uso erróneo de las palabras, nos perjudicamos los unos a los otros y nos mantenemos mutuamente en un estado de miedo y duda. Dado que las palabras son la magia que poseemos los seres humanos y su uso equivocado es magia negra, utilizamos la magia negra constantemente sin tener la menor idea de ello.

Por ejemplo, había una vez una mujer inteligente y de gran corazón. Esta mujer tenía una hija a la que adoraba. Una noche llegó a casa después de un duro día de trabajo, muy cansada, tensa y con un terrible dolor de cabeza. Quería paz y tranquilidad, pero su hija saltaba y cantaba alegremente. No era consciente de cómo se sentía su madre; estaba en su propio mundo, en su propio sueño. Se sentía de maravilla y saltaba y cantaba cada vez más fuerte, expresando su alegría y su amor. Cantaba tan fuerte que el dolor de cabeza de su madre aún empeoró más, hasta que, en un momento determinado, la madre perdió el control. Miró muy enfadada a su preciosa hija y le dijo: «¡Cállate! Tienes una voz horrible. ¿Es que no puedes estar callada?».

Lo cierto es que, en ese momento, la tolerancia de la madre frente a cualquier ruido era inexistente; no era que la voz de su hija fuera horrible. Pero la hija creyó lo que le dijo su madre y llegó a un acuerdo con ella misma. Después de esto ya no cantó más, porque creía que su voz era horrible y que molestaría a cualquier persona que la oyera. En la escuela se volvió tímida, y si le pedían que cantase, se negaba a hacerlo. Incluso hablar con los demás se convirtió en algo difícil. Ese nuevo acuerdo hizo que todo cambiase para esa niña: creyó que debía reprimir sus emociones para que la aceptasen y la amasen.

Siempre que escuchamos una opinión y la creemos, llegamos a un acuerdo que pasa a formar parte de nuestro sistema de creencias. La niña creció, y aunque tenía una bonita voz, nunca volvió a cantar. Desarrolló un gran complejo a causa de un hechizo, un hechizo lanzado por la persona que más la quería: su propia madre, que no se dio cuenta de lo que había hecho con sus palabras. No se dio cuenta de que había utilizado magia negra y había hechizado a su hija. Desconocía el poder de sus palabras, y por consiguiente no se la puede culpar. Hizo lo que su propia madre, su padre y otras personas habían hecho con ella de muchas maneras diferentes: utilizar mal sus palabras.

¿Cuántas veces hacemos lo mismo con nuestros propios hijos? Les lanzamos opiniones de este tipo y ellos cargan con esa magia negra durante años y años. Las personas que nos quieren emplean magia negra con nosotros, pero no saben lo que hacen. Por ello debemos perdonarlos, porque no saben lo que hacen.

Otro ejemplo: Te despiertas por la mañana sintiéndote muy contenta. Te sientes tan bien, que te pasas dos horas delante del espejo arreglándote. Entonces, una de tus mejores amigas te dice: «¿Qué te ha pasado? Estás horrorosa. Mira tu vestido; haces el ridículo». Ya está; con eso es suficiente para enviarte a lo más profundo del infierno. Quizás esa amiga te hizo este comentario sólo para herirte, y lo consiguió. Te dio una opinión que llevaba tras ella todo el poder de sus palabras. Si aceptas esa opinión, se convierte en un acuerdo, y entonces tú misma pones todo tu poder en esa opinión, que se convierte en magia negra.

Los hechizos de este tipo son difíciles de romper. La única manera de deshacer un hechizo es llegar a un nuevo acuerdo que se base en la verdad. La verdad es el aspecto más importante del hecho de ser impecable con tus palabras. La espada tiene dos filos: en uno están las mentiras que crean la magia negra, y en el otro, está la verdad que tiene el poder de deshacer los hechizos. Sólo la verdad nos hará libres.

❧

Considera las relaciones humanas diarias, e imagínate cuántas veces nos lanzamos hechizos los unos a los otros con nuestras palabras. Con el tiempo, esto se ha convertido en la peor forma de magia negra: son los *chismes*.

Los chismes son magia negra de la peor clase, porque son puro veneno. Aprendimos a contar chismes por acuerdo. De niños, escuchábamos a los adultos que nos rodeaban chismorrear sin parar y expresar abiertamente su opinión sobre otras personas. Incluso opinaban sobre gente a la que no conocían. Mediante esas opiniones, transferían su veneno emocional, y nosotros aprendimos que ésta era la manera normal de comunicarse.

Contar chismes se ha convertido en la principal forma de comunicación en la sociedad humana. Es la manera que utilizamos para sentirnos cerca de otras personas, porque ver que alguien se siente tan mal como nosotros, nos hace sentir mejor.

Hay una vieja expresión que dice: «A la miseria le gusta estar acompañada», y la gente que sufre en el infierno no quiere estar sola. El miedo y el sufrimiento son un aspecto importante del sueño del planeta; son la razón de que ese sueño nos continúe reprimiendo.

Si hacemos una analogía y comparamos la mente humana con un ordenador, el chismorreo es comparable a un virus informático, que no es más que un programa escrito en el mismo lenguaje que los demás, pero con una intención dañina. Se introduce en el ordenador cuando menos te lo esperas, y en la mayoría de los casos, sin que ni siquiera te des cuenta. Una vez se ha introducido en él, tu ordenador no va demasiado bien o no funciona en absoluto, porque todo se lía y hay tal cantidad de mensajes contradictorios que resulta imposible obtener resultados satisfactorios.

El chismorreo entre los seres humanos funciona de la misma manera. Por ejemplo, empiezas un curso con un nuevo profesor; es algo que esperabas desde hace mucho tiempo. El primer día te encuentras con alguien que anteriormente asistió a ese curso y te dice: «¡Ese profesor es un pedante y un pelmazo! No tiene ni idea, y además, es un pervertido, de modo que ve con cuidado».

Las palabras de esa persona y las emociones que te transmitió cuando te hizo este comentario se te quedan inmediatamente grabadas; sin embargo, no eres consciente de qué motivos tenía para hacértelo. Quizás estaba enfadada por haber suspendido, o simplemente hacía suposiciones fundamentadas en el miedo y los prejuicios. Pero dado que has aprendido a ingerir información como un niño, parte de ti cree el chisme. Y en la clase, mientras el profesor habla, sientes que el veneno aparece en tu interior y te resulta imposible comprender que lo ves a través de los ojos de la persona que te fue con el chisme. Entonces, empiezas a hablar de ello con los otros integrantes del curso, hasta que acaban por ver al profesor del mismo modo: como un pelmazo y un pervertido. Realmente no soportas estar ahí, y pronto decides dejar de ir. Culpas al profesor, pero el culpable es el chisme.

Un pequeño virus informático es capaz de generar un lío de este tipo. Una mínima información errónea puede estropear la comunicación entre las personas e infectar a todos aquellos que toca, que a su vez contagian a más gente. Imagínate que cuando otras personas te cuentan chismes, introducen virus informáticos en tu mente que hacen que pienses cada vez con menor claridad. Después imagina que, en un esfuerzo por aclarar tu propia confusión y para aliviarte del veneno, tú también chismorreas y contagias estos virus a otras personas.

Ahora, imagínate que esta pauta prosigue en una cadena interminable entre todos los seres humanos de la Tierra. El resultado es un mundo lleno de personas que sólo pueden obtener información a través de circuitos que están obstruidos por un virus venenoso y contagioso. Una vez más, este virus es lo que los toltecas denominaron *mitote*, el caos de miles de voces distintas que intentan hablar al mismo tiempo en la mente.

Aún peores son los magos negros o «piratas informáticos», que extienden el virus intencionadamente. Recuerda alguna ocasión en la que tú mismo (o alguien que conozcas) estabas furioso con otra persona y deseabas vengarte de ella. Para hacerlo, le dijiste algo con la intención de esparcir el veneno y conseguir que se sintiera mal consigo misma. De niños actuamos de este modo casi sin darnos cuenta, pero a medida que vamos creciendo, nuestros esfuerzos por desprestigiar a la gente son mucho más calculados. Entonces, nos mentimos a nosotros mismos y nos decimos que la persona en cuestión recibió un justo castigo por su maldad.

Cuando contemplamos el mundo a través de un virus informático, resulta fácil justificar incluso el comportamiento más cruel. No somos conscientes de que el mal uso de nuestras palabras nos hace caer más profundamente en el infierno.

Durante años, las palabras de los demás nos han transmitido chismes y nos han lanzado hechizos, pero lo mismo ha hecho la manera en que utilizamos las palabras con nosotros mismos. Nos hablamos constantemente, y la mayor parte del tiempo decimos cosas como: «Estoy gordo. Soy feo. Me hago viejo. Me estoy quedando calvo. Soy estúpido, nunca entiendo nada. Nunca seré lo suficientemente bueno. Nunca seré perfecto». ¿Ves de qué modo utilizamos las palabras contra nosotros mismos? Es necesario que empecemos a comprender lo que *son* las palabras y lo que *hacen*. Si entiendes el Primer Acuerdo (*Sé impecable con tus palabras*), verás cuántos cambios ocurren en tu vida. En primer lugar, cambios en tu manera de tratarte y en tu forma de tratar a otras personas, especialmente aquellas a las que más quieres.

Piensa en las innumerables veces que has explicado chismes sobre el ser que más amas para conseguir que otras personas apoyasen tu punto de vista. ¿Cuántas veces has captado la atención de otras personas y has esparcido veneno sobre un ser amado para hacer que tu opinión pareciese correcta? Tu opinión no es más que tu punto de vista, y no tiene por qué ser necesariamente verdad. Tu opinión proviene de tus creencias, de tu ego y de tu propio sueño. Creamos todo ese veneno y lo esparcimos entre otras personas sólo para sentir que nuestro punto de vista es correcto.

Si adoptamos el Primer Acuerdo y somos impecables con nuestras palabras, cualquier veneno emocional acabará por desaparecer de nuestra mente y dejaremos de transmitirlo en nuestras relaciones personales, incluso con nuestro perro o nuestro gato.

La impecabilidad de tus palabras también te proporcionará inmunidad frente a cualquier persona que te lance un hechizo. Solamente recibirás una idea negativa si tu mente es un campo fértil para ella.

Cuando eres impecable con tus palabras, tu mente deja de ser un campo fértil para las palabras que surgen de la magia negra, pero sí lo es para las que surgen del amor. Puedes medir la impecabilidad de tus palabras a partir de tu nivel de autoestima. La cantidad de amor que sientes por ti es directamente proporcional a la calidad e integridad de tus palabras. Cuando eres impecable con tus palabras, te sientes bien, eres feliz y estás en paz.

Puedes trascender el sueño del infierno sólo con llegar al acuerdo de ser impecable con tus palabras. Ahora mismo estoy plantando una semilla en tu mente. Que crezca o no, dependerá de lo fértil que sea tu mente para recibir las semillas del amor. Tú decides si llegas o no a establecer este acuerdo contigo mismo: *Soy impecable con mis palabras.* Nutre esta semilla, y a medida que crezca en tu mente, generará más semillas de amor que reemplazarán a las del miedo. El Primer Acuerdo cambiará el tipo de semillas para las que tu mente resulta fértil.

Sé impecable con tus palabras. Este es el primer acuerdo al que debes llegar si quieres ser libre, ser feliz y trascender el nivel de existencia del infierno. Es muy poderoso. Utiliza tus palabras apropiadamente. Empléalas para compartir tu amor. Usa la magia blanca empezando por ti. Dite a ti mismo que eres una persona maravillosa, fantástica. Dite cuánto te amas. Utiliza las palabras para romper todos esos pequeños acuerdos que te hacen sufrir.

Es posible. Lo es porque yo mismo lo hice y no soy mejor que tú. Somos exactamente iguales. Tenemos el mismo tipo de cerebro, el mismo tipo de cuerpo; somos seres humanos. Si yo fui capaz de romper esos acuerdos y crear otros nuevos, también tú puedes hacerlo. Si yo soy impecable con mis palabras, ¿por qué no tú? Este acuerdo, por sí solo, es capaz de cambiar toda tu vida. La impecabilidad de tus palabras te llevará a la libertad personal, al éxito y a la abundancia; hará que el miedo desaparezca y lo transformará en amor y alegría.

Imagínate lo que es posible crear sólo con la impecabilidad de las palabras. Trascenderás el sueño del miedo y llevarás una vida diferente. Podrás vivir en el cielo en medio de miles de personas que viven en el infierno, porque serás inmune a él. Alcanzarás el reino de los cielos con este acuerdo: *Sé impecable con tus palabras.*

3

El Segundo Acuerdo

No te tomes nada personalmente

Los tres acuerdos siguientes nacen, en realidad, del primero. El Segundo Acuerdo consiste en *no tomarte nada personalmente*.

Suceda lo que suceda a tu alrededor, no te lo tomes personalmente. Utilizando un ejemplo anterior, si te encuentro en la calle y te digo: «¡Eh, eres un estúpido!», sin conocerte, no me refiero a ti, sino a mí.

Si te lo tomas personalmente, tal vez te creas que eres un estúpido. Quizá te digas a ti mismo: «¿Cómo lo sabe? ¿Acaso es clarividente o es que todos pueden ver lo estúpido que soy?».

Te lo tomas personalmente porque estás de acuerdo con cualquier cosa que se diga. Y tan pronto como estás de acuerdo, el veneno te recorre y te encuentras atrapado en el sueño del infierno. El motivo de que estés atrapado es lo que llamamos «la importancia personal». La importancia personal, o el tomarse las cosas personalmente, es la expresión máxima del egoísmo, porque consideramos que todo gira a nuestro alrededor. Durante el período de nuestra educación (o de nuestra domesticación), aprendimos a tomarnos todas las cosas de forma personal. Creemos que somos responsables de todo. ¡Yo, yo, yo y siempre yo!

Nada de lo que los demás hacen es por ti. Lo hacen por ellos mismos. Todos vivimos en nuestro propio sueño, en nuestra propia mente; los demás están en un mundo completamente distinto de aquel en que vive cada uno de nosotros. Cuando nos tomamos personalmente lo que alguien nos dice, suponemos que sabe lo que hay en nuestro mundo e intentamos imponérselo por encima del suyo.

Incluso cuando una situación parece muy personal, por ejemplo cuando alguien te insulta directamente, eso no tiene nada que ver contigo. Lo que esa persona dice, lo que hace y las opiniones que expresa responden a los acuerdos que ha establecido en su propia mente. Su punto de vista surge de toda la programación que recibió durante su domesticación.

Si alguien te da su opinión y te dice: «¡Oye, estás muy gordo!», no te lo tomes personalmente, porque la verdad es que se refiere a sus propios sentimientos, creencias y opiniones. Esa persona intentó enviarte su veneno, y si te lo tomas personalmente, lo recoges y se convierte en tuyo. Tomarse las cosas personalmente te convierte en una presa fácil para esos depredadores, los magos negros. Les resulta fácil atraparte con una simple opinión, después te alimentan con el veneno que quieren, y como te lo tomas personalmente, te lo tragas sin rechistar.

Te comes toda su basura emocional y la conviertes en tu propia basura. Pero si no te lo tomas personalmente, serás inmune a todo veneno aunque te encuentres en medio del infierno. Esa inmunidad es un don de este acuerdo.

Cuando te tomas las cosas personalmente, te sientes ofendido y reaccionas defendiendo tus creencias y creando conflictos. Haces una montaña de un grano de arena porque sientes la necesidad de tener razón y de que los demás estén equivocados. También te esfuerzas en demostrarles que tienes razón dando tus propias opiniones. Del mismo modo, cualquier cosa que sientas o hagas no es más que una proyección de tu propio sueño personal, un reflejo de tus propios acuerdos. Lo que dices, lo que haces y las opiniones que tienes se basan en los acuerdos que tú has establecido, y no tienen nada que ver conmigo.

Lo que pienses de mí no es importante para mí y no me lo tomo personalmente. Cuando la gente me dice: «Miguel, eres el mejor», no me lo tomo personalmente, y tampoco lo hago cuando me dice:

«Miguel, eres el peor». Sé que cuando estés contento, me dirás: «¡Miguel, eres un ángel!». Pero cuando estés enfadado conmigo, me dirás: «¡Oh, Miguel, eres un demonio! Eres repugnante. ¿Cómo puedes decir esas cosas?». Ninguno de los dos comentarios me afecta porque yo sé lo que soy. No necesito que me acepten. No necesito que nadie me diga: «¡Miguel, qué bien lo haces!», o: «¿Cómo eres capaz de hacer eso?».

No, no me lo tomo personalmente. Pienses lo que pienses, sientas lo que sientas, sé que se trata de tu problema y no del mío. Es tu manera de ver el mundo. No me lo tomo de un modo personal porque te refieres a ti mismo y no a mí. Los demás tienen sus propias opiniones según su sistema de creencias, de modo que nada de lo que piensen de mí estará realmente relacionado conmigo, sino con ellos.

Es posible que incluso me digas: «Miguel, lo que dices me duele». Pero lo que te duele no es lo que yo digo, sino las heridas que tienes y que yo he rozado con lo que he dicho. Eres tú mismo quien se hace daño. No me lo puedo tomar personalmente en modo alguno, y no porque no crea ni confíe en ti, sino porque sé que ves el mundo con distintos ojos, con los tuyos. Creas una película entera en tu mente, y en ella tú eres el director, el productor y el protagonista. Todos los demás tenemos papeles secundarios. Es tu película.

La manera en que ves esa película se basa en los acuerdos que has establecido con la vida. Tu punto de vista es algo personal tuyo. No es la verdad de nadie más que de ti. Por consiguiente, si te enfadas conmigo, sé que eso está relacionado contigo. Yo soy la excusa para que tú te enfades. Y te enfadas porque tienes miedo, porque te enfrentas a tu miedo. Si no tuvieras miedo, no te enfadarías conmigo en modo alguno. Si no tuvieras miedo, no me odiarías en modo alguno. Si no tuvieras miedo, no estarías triste ni celoso en modo alguno.

Si vives sin miedo, si amas, no hay lugar para ninguna de esas emociones. Si no tienes ninguna de esas emociones, lógicamente te sientes bien. Cuando te sientes bien, todo lo que te rodea está bien. Cuando todo lo que te rodea es magnífico, todo te hace feliz. Amas todo lo que te rodea porque te amas a ti mismo, porque te gusta como eres, porque estás contento contigo mismo, porque te sientes feliz con tu vida. Estás satisfecho con la película que tú mismo produces y con los acuerdos que has establecido con la vida. Estás en paz y eres feliz. Vives en ese estado de dicha en el que todo es verdaderamente maravilloso y bello. En ese estado de dicha, estableces una relación de amor con todo lo que percibes en todo momento.

✿

Sea lo que sea lo que la gente haga, piense o diga, *no te lo tomes personalmente*. Si te dice que eres maravilloso, no lo dice por ti. Tú sabes que eres maravilloso. No es necesario que otras personas te lo digan para creerlo. No te tomes *nada* personalmente. Aun cuando alguien agarrase una pistola y te disparase en la cabeza, no sería nada personal. Incluso hasta ese extremo.

Ni siquiera las opiniones que tienes sobre ti mismo son necesariamente verdad; por consiguiente, no tienes la menor necesidad de tomarte cualquier cosa que oigas en tu propia mente personalmente. La mente tiene la capacidad de hablarse a sí misma, pero también tiene la capacidad de escuchar la información que está disponible de otras esferas. Quizás a veces, cuando oyes una voz en tu mente, te preguntes de dónde proviene. Es posible que esta voz provenga de otra realidad en la que existan seres vivos con una mente muy similar a la humana. Los toltecas denominaron a estos seres «aliados». En Europa, África y la India los llamaron «dioses».

Nuestra mente también existe en el nivel de los dioses, también vive en esa realidad y es capaz de percibirla. La mente ve con los ojos y percibe la realidad de cuando estamos despiertos. Pero también ve y percibe sin los ojos, aunque la razón apenas es consciente de esta percepción. La mente vive en más de una dimensión. Es posible que en ocasiones tengas ideas que nc se originan en tu mente, pero las percibes con ella. Tienes derecho a creer o no lo que esas voces te dicen y a no tomártelo personalmente. Tenemos la opción de creer o no las voces que oímos en nuestra propia mente, del mismo modo en que decidimos qué creer y qué acuerdos tomar en el sueño del planeta.

La mente también es capaz de hablarse y escucharse a sí misma. Tu mente está dividida, igual que lo está tu cuerpo. Del mismo modo en que puedes estrechar con una mano tu otra mano y sentirla, la mente puede hablar consigo misma. Una parte de tu mente habla y otra escucha. Cuando muchas partes de tu mente hablan todas al mismo tiempo, se origina un gran problema. A esto lo llamamos *mitote*, ¿recuerdas?

Podemos comparar el *mitote* con un enorme mercado en el que miles de personas hablan y hacen trueques a la vez. Cada una tiene pensamientos y sentimientos diferentes; cada una tiene un punto de vista distinto. Todos los acuerdos que hemos establecido — la programación de la mente — no son necesariamente compatibles entre sí. Cada acuerdo es como un ser vivo independiente; tiene su propia personalidad y su propia voz. Hay acuerdos incompatibles, que se contradicen los unos a los otros, y el conflicto se va extendiendo hasta que estalla una gran guerra en la mente. El *mitote* es la razón por la que los seres humanos apenas saben lo que quieren, cómo lo quieren o cuándo lo quieren. No están de acuerdo con ellos mismos porque unas partes de la mente quieren una cosa y otras quieren exactamente lo contrario.

Una parte de la mente pone objeciones a determinados pensamientos y actos y otra los apoya. Todos estos pequeños seres vivientes crean conflictos internos porque están vivos y cada uno tiene su propia voz. Únicamente si hacemos un inventario de nuestros acuerdos destaparemos todos los conflictos de la mente, y con el tiempo llegaremos a extraer orden del caos del *mitote*.

No te tomes nada personalmente porque, si lo haces, te expones a sufrir por nada. Los seres humanos somos adictos al sufrimiento en diferentes niveles y distintos grados; nos apoyamos los unos a los otros para mantener esta adicción. Hemos acordado ayudarnos mutuamente a sufrir. Si tienes la necesidad de que te maltraten, será fácil que los demás lo hagan. Del mismo modo, si estás con personas que necesitan sufrir, algo en ti hará que las maltrates. Es como si llevasen un cartel en la espalda que dijera: «Patéame, por favor». Piden una justificación para su sufrimiento. Su adicción al sufrimiento no es más que un acuerdo que refuerzan a diario.

Vayas donde vayas, encontrarás a gente que te mentirá, pero a medida que tu conciencia se expanda, descubrirás que tú también te mientes a ti mismo. No esperes que los demás te digan la verdad, porque ellos también se mienten a sí mismos. Tienes que confiar en ti y decidir si crees o no lo que alguien te dice.

Cuando realmente vemos a los demás tal como son sin tomárnoslo personalmente, lo que hagan o digan no nos dañará. Aunque los demás te mientan, no importa. Te mienten porque tienen miedo. Tienen miedo de que descubras que no son perfectos. Quitarse la máscara social resulta doloroso. Si los demás dicen una cosa, pero hacen otra y tú no prestas atención a sus actos, te mientes a ti mismo. Pero si eres veraz contigo mismo, te ahorrarás mucho dolor emocional. Decirte la verdad quizá resulte doloroso, pero no necesitas aferrarte al dolor. La curación está en camino; que las cosas te vayan mejor es sólo cuestión de tiempo.

Si alguien no te trata con amor ni respeto, que se aleje de ti es un regalo. Si esa persona no se va, lo más probable es que soportes muchos años de sufrimiento con ella. Que se marche quizá resulte doloroso durante un tiempo, pero finalmente tu corazón sanará. Entonces, elegirás lo que de verdad quieres. Descubrirás que, para elegir correctamente, más que confiar en los demás, es necesario que confíes en ti mismo.

Cuando no tomarte nada personalmente se convierta en un hábito firme y sólido, te evitarás muchos disgustos en la vida. Tu rabia, tus celos y tu envidia desaparecerán, y si no te tomas nada personalmente, incluso tu tristeza desaparecerá.

Si conviertes el Segundo Acuerdo en un hábito, descubrirás que nada podrá devolverte al infierno. Una gran cantidad de libertad surge cuando no nos tomamos nada personalmente. Serás inmune a los magos negros y ningún hechizo te afectará, por muy fuerte que sea. El mundo entero puede contar chismes sobre ti, pero si no te los tomas personalmente, serás inmune a ellos. Alguien puede enviarte veneno emocional de forma intencionada, pero si no te lo tomas personalmente, no te lo tragarás. Cuando no tomas el veneno emocional, se vuelve más nocivo para el que lo envía, pero no para ti.

Ya puedes ver cuán importante es este acuerdo. No tomar nada personalmente te ayuda a romper muchos hábitos y costumbres que te mantienen atrapado en el sueño del infierno y te causan un sufrimiento innecesario. Bastará con practicar el Segundo Acuerdo para que empieces a romper docenas de pequeños acuerdos que te hacen sufrir. Y si practicas además el Primer Acuerdo, romperás el 75 por ciento de estos pequeños acuerdos que te mantienen atrapado en el infierno.

Escribe este acuerdo en un papel y engánchalo en la nevera para recordarlo en todo momento: *No te tomes nada personalmente.*

Cuando te acostumbres a no tomarte nada personalmente, no necesitarás depositar tu confianza en lo que hagan o digan los demás. Bastará con que confíes en ti mismo para elegir con responsabilidad. Nunca eres responsable de los actos de los demás; sólo eres responsable de ti mismo. Cuando comprendas esto, de verdad, y te niegues a tomarte las cosas personalmente, será muy difícil que los comentarios insensibles o los actos negligentes de los demás te hieran.

Si mantienes este acuerdo, viajarás por todo el mundo con el corazón abierto por completo y nadie te herirá. Dirás: «Te amo», sin miedo a que te rechacen o te ridiculicen. Pedirás lo que necesites. Dirás sí o dirás no — lo que tú decidas — sin culparte ni juzgarte. Siempre puedes seguir a tu corazón. Si lo haces, aunque estés en medio del infierno, experimentarás felicidad y paz interior. Permanecerás en tu estado de dicha y el infierno no te afectará en absoluto.

4

EL TERCER ACUERDO

No hagas suposiciones

EL TERCER ACUERDO CONSISTE EN *NO HACER SUPOSICIONES*.

Tendemos a hacer suposiciones sobre todo. El problema es que, al hacerlo, *creemos* que lo que suponemos es cierto. Juraríamos que es real. Hacemos suposiciones sobre lo que los demás hacen o piensan —nos lo tomamos personalmente— y después, los culpamos y reaccionamos enviando veneno emocional con nuestras palabras. Este es el motivo por el cual siempre que hacemos suposiciones, nos buscamos problemas. Hacemos una suposición, comprendemos las cosas mal, nos lo tomamos personalmente y acabamos haciendo un gran drama de nada.

Toda la tristeza y los dramas que has experimentado tenían sus raíces en las suposiciones que hiciste y en las cosas que te tomaste personalmente. Concédete un momento para considerar la verdad de esta afirmación. Toda la cuestión del dominio entre los seres humanos gira alrededor de las suposiciones y el tomarse las cosas personalmente. Todo nuestro sueño del infierno se basa en ello.

Producimos mucho veneno emocional haciendo suposiciones y tomándonoslas personalmente, porque, por lo general, empezamos a chismorrear a partir de nuestras suposiciones. Recuerda que chismorrear es nuestra forma de comunicarnos y enviarnos veneno los unos a los otros en el sueño del infierno. Como tenemos miedo de pedir una aclaración, hacemos suposiciones y creemos que son ciertas; después, las defendemos e intentamos que sea otro el que no tenga razón. Siempre es mejor preguntar que hacer una suposición, porque las suposiciones crean sufrimiento.

El gran *mitote* de la mente humana crea un enorme caos que nos lleva a interpretar y entender mal todas las cosas. Sólo vemos lo que queremos ver y oímos lo que queremos oír. No percibimos las cosas tal como son. Tenemos la costumbre de soñar sin basarnos en la realidad. Literalmente, inventamos las cosas en nuestra imaginación. Como no entendemos algo, hacemos una suposición sobre su significado, y cuando la verdad aparece, la burbuja de nuestro sueño estalla y descubrimos que no era en absoluto lo que nosotros creíamos.

Un ejemplo: Andas por el paseo y ves a una persona que te gusta. Se vuelve hacia ti, te sonríe y después se aleja. Sólo con esta experiencia puedes hacer muchas suposiciones. Con ellas es posible crear toda una fantasía. Y tú verdaderamente quieres creerte la fantasía y convertirla en realidad. Empiezas a crear un sueño completo a partir de tus suposiciones, y puede que te lo creas: «Realmente le gusto mucho». A partir de esto, en tu mente empieza una relación entera. Quizás, en tu mundo de fantasía, hasta llegues a casarte con esa persona. Pero la fantasía está en tu mente, en tu sueño personal.

Hacer suposiciones en nuestras relaciones significa buscarse problemas. A menudo, suponemos que nuestra pareja sabe lo que pensamos y que no es necesario que le digamos lo que queremos. Suponemos que hará lo que queremos porque nos conoce muy bien. Si no hace lo que creemos que debería hacer, nos sentimos realmente heridos y decimos: «Deberías haberlo sabido».

Otro ejemplo: Decides casarte y supones que tu pareja ve el matrimonio de la misma manera que tú. Después, al vivir juntos, descubres que no es así. Esto crea muchos conflictos; sin embargo, no intentas clarificar tus sentimientos sobre el matrimonio. El marido regresa a casa del trabajo. La mujer está furiosa y el marido no sabe por qué. Quizá sea porque la mujer hizo una suposición. No le dice a su marido lo que quiere porque supone que él la conoce tan bien que ya lo sabe, como si pudiese leer su mente. Se disgusta porque él no satisface sus expectativas. Hacer suposiciones en las relaciones conduce a muchas disputas, dificultades y malentendidos con las personas que supuestamente amamos.

En cualquier tipo de relación, podemos suponer que los demás saben lo que pensamos y que no es necesario que digamos lo que queremos. Harán lo que queremos porque nos conocen muy bien. Si no lo hacen, si no hacen lo que creemos que deberían hacer, nos sentimos heridos y pensamos: «¿Cómo ha podido hacer eso? Debería haberlo sabido». Suponemos que la otra persona sabe lo que queremos. Creamos un drama completo porque hacemos esta suposición y después añadimos otras más encima de ella.

El funcionamiento de la mente humana es muy interesante. Necesitamos justificarlo, explicarlo y comprenderlo todo para sentirnos seguros. Tenemos millones de preguntas que precisan respuesta porque hay muchas cosas que la mente racional es incapaz de explicar. No importa si la respuesta es correcta o no; por sí sola, bastará para que nos sintamos seguros. Esta es la razón por la cual hacemos suposiciones.

Si los demás nos dicen algo, hacemos suposiciones, y si no nos dicen nada, también las hacemos para satisfacer nuestra necesidad de saber y reemplazar la necesidad de comunicarnos. Incluso si oímos algo y no lo entendemos, hacemos suposiciones sobre lo que significa, y después, creemos en ellas. Hacemos todo tipo de suposiciones porque no tenemos el valor de preguntar.

La mayoría de las veces, hacemos nuestras suposiciones con gran rapidez y de una manera inconsciente, porque hemos establecido acuerdos para comunicarnos de esta forma. Hemos acordado que hacer preguntas es peligroso, y que la gente que nos ama debería saber qué queremos o cómo nos sentimos. Cuando creemos algo, suponemos que tenemos razón hasta el punto de llegar a destruir nuestras relaciones para defender nuestra posición.

Suponemos que todo el mundo ve la vida del mismo modo que nosotros. Suponemos que los demás piensan, sienten, juzgan y maltratan como nosotros lo hacemos. Esta es la mayor suposición que podemos hacer, y es la razón por la cual nos da miedo ser nosotros mismos ante los demás, porque creemos que nos juzgarán, nos convertirán en sus víctimas, nos maltratarán y nos culparán como nosotros mismos hacemos. De modo que, incluso antes de que los demás tengan la oportunidad de rechazarnos, nosotros ya nos hemos rechazado a nosotros mismos. Así es como funciona la mente humana.

También hacemos suposiciones sobre nosotros mismos, y esto crea muchos conflictos internos. Por ejemplo, supones que eres capaz de hacer algo, y después descubres que no lo eres. Te sobrestimas o te subestimas a ti mismo porque no te has tomado el tiempo necesario para hacerte preguntas y contestártelas. Tal vez necesites más datos sobre una situación en particular. O quizá necesites dejar de mentirte a ti mismo sobre lo que verdaderamente quieres.

A menudo, cuando inicias una relación con alguien que te gusta, tienes que justificar por qué te gusta. Sólo ves lo que quieres ver y niegas que algunos aspectos de esa persona te disgustan. Te mientes a ti mismo con el único fin de sentir que tienes razón. Después haces suposiciones, y una de ellas es: «Mi amor cambiará a esta persona». Pero no es verdad. Tu amor no cambiará a nadie. Si las personas cambian es porque quieren cambiar, no porque tú puedas cambiarlas. Entonces, ocurre algo entre vosotros dos y te sientes dolido. De pronto, ves lo que no quisiste ver antes, sólo que ahora está amplificado por tu veneno emocional. Ahora tienes que justificar tu dolor emocional y echar la culpa de tus decisiones a los demás.

No es necesario que justifiquemos el amor; está presente o no lo está. El amor verdadero es aceptar a los demás tal como son sin tratar de cambiarlos. Si intentamos cambiarlos significa que, en realidad, no nos gustan. Por supuesto, si decides vivir con alguien, si llegas a ese acuerdo, siempre será mejor que esa persona sea exactamente como tú quieres que sea. Encuentra a alguien a quien no tengas que cambiar en absoluto. Resulta mucho más fácil hallar a alguien que ya sea como tú quieres que sea, que intentar cambiar a una persona. Además, ese alguien debe quererte tal como eres para no tener que hacerte cambiar en absoluto. Si otras personas piensan que tienes que cambiar, eso significa que, en realidad, no te aman tal como eres. ¿Y para qué estar con alguien si tú no eres tal como quiere que seas?

Debemos ser quienes somos, de modo que no tenemos que presentar una falsa imagen. Si me amas tal como soy, muy bien, tómame. Si no me amas tal como soy, muy bien, adiós. Búscate a otro. Quizá suene duro, pero este tipo de comunicación significa que los acuerdos personales que establecemos con los demás son claros e impecables.

Imagínate tan sólo el día en que dejes de suponer cosas de tu pareja, y a la larga, de cualquier otra persona de tu vida. Tu manera de comunicarte cambiará completamente y tus relaciones ya no sufrirán más a causa de conflictos creados por suposiciones equivocadas.

La manera de evitar las suposiciones es preguntar. Asegúrate de que las cosas te queden claras. Si no comprendes alguna, ten el valor de preguntar hasta clarificarlo todo lo posible, e incluso entonces, no supongas que lo sabes todo sobre esa situación en particular. Una vez escuches la respuesta, no tendrás que hacer suposiciones porque sabrás la verdad.

Asimismo, encuentra tu voz para preguntar lo que quieres. Todo el mundo tiene derecho a contestarte «sí» o «no», pero tú siempre tendrás derecho a preguntar. Del mismo modo, todo el mundo tiene derecho a preguntarte y tú tienes derecho a contestar «sí» o «no».

Si no entiendes algo, en lugar de hacer una suposición, es mejor que preguntes y que seas claro. El día que dejes de hacer suposiciones, te comunicarás con habilidad y claridad, libre de veneno emocional. Cuando ya no hagas suposiciones, tus palabras se volverán impecables.

Con una comunicación clara, todas tus relaciones cambiarán, no sólo la que tienes con tu pareja, sino también todas las demás. No será necesario que hagas suposiciones porque todo se volverá muy claro. Esto es lo que yo quiero, y esto es lo que tú quieres. Si nos comunicamos de esta manera, nuestras palabras se volverán impecables. Si todos los seres humanos fuésemos capaces de comunicarnos de esta manera, con la impecabilidad de nuestras palabras, no habría guerras, ni violencia ni disputas. Sólo con que fuésemos capaces de tener una comunicación buena y clara, todos nuestros problemas se resolverían.

Éste es, pues, el Tercer Acuerdo: *No hagas suposiciones.* Decirlo es fácil, pero comprendo que hacerlo es difícil. Lo es porque, muy a menudo, hacemos exactamente lo contrario. Tenemos todos esos hábitos y rutinas de los que ni tan siquiera somos conscientes. Tomar conciencia de esos hábitos y comprender la importancia de este acuerdo es el primer paso, pero no es suficiente. La idea o la información es sólo una semilla en la mente. Lo que realmente hará que las cosas cambien es la acción. Actuar una y otra vez fortalece tu voluntad, nutre la semilla y establece una base sólida para que el nuevo hábito se desarrolle. Tras muchas repeticiones, estos nuevos acuerdos se convertirán en parte de ti mismo y verás cómo la magia de tus palabras hará que dejes de ser un mago negro para convertirte en un mago blanco.

Un mago blanco utiliza las palabras para crear, dar, compartir y amar. Si haces un hábito de este acuerdo, transformarás completamente tu vida.

Cuando transformas todo tu sueño, la magia aparece en tu vida. Lo que necesitas te llega con gran facilidad porque el espíritu se mueve libremente en ti. Ésta es la maestría del intento, del espíritu, del amor, de la gratitud y de la vida. Éste es el objetivo del tolteca. Éste es el camino hacia la libertad personal.

5
EL CUARTO ACUERDO

Haz siempre lo máximo que puedas

SÓLO HAY UN ACUERDO MÁS, PERO ES EL QUE PERMITE que los otros tres se conviertan en hábitos profundamente arraigados. El Cuarto Acuerdo se refiere a la realización de los tres primeros: *Haz siempre lo máximo que puedas.*

Bajo cualquier circunstancia, haz siempre lo máximo que puedas, ni más ni menos. Pero piensa que eso va a variar de un momento a otro. Todas las cosas están vivas y cambian continuamente, de modo que, en ocasiones, lo máximo que podrás hacer tendrá una gran calidad, y en otras no será tan bueno. Cuando te despiertas renovado y lleno de vigor por la mañana, tu rendimiento es mejor que por la noche cuando estás agotado. Lo máximo que puedas hacer será distinto cuando estés sano que cuando estés enfermo, o cuando estés sobrio que cuando hayas bebido. Tu rendimiento dependerá de que te sientas de maravilla y feliz o disgustado, enfadado o celoso.

En tus estados de ánimo diarios, lo máximo que podrás hacer cambiará de un momento a otro, de una hora a otra, de un día a otro. También cambiará con el tiempo. A medida que vayas adquiriendo el hábito de los cuatro nuevos acuerdos, tu rendimiento será mejor de lo que solía ser.

Independientemente del resultado, sigue haciendo siempre lo máximo que puedas, ni más ni menos. Si intentas esforzarte demasiado para hacer más de lo que puedes, gastarás más energía de la necesaria, y al final tu rendimiento no será suficiente. Cuando te excedes, agotas tu cuerpo y vas contra ti, y por consiguiente te resulta más difícil alcanzar tus objetivos. Por otro lado, si haces menos de lo que puedes hacer, te sometes a ti mismo a frustraciones, juicios, culpas y reproches.

Limítate a hacer lo máximo que puedas, en cualquier circunstancia de tu vida. No importa si estás enfermo o cansado, si siempre haces lo máximo que puedas, no te juzgarás a ti mismo en modo alguno. Y si no te juzgas, no te harás reproches, ni te culparás ni te castigarás en absoluto. Si haces siempre lo máximo que puedas, romperás el fuerte hechizo al que estás sometido.

Había una vez un hombre que quería trascender su sufrimiento, de modo que se fue a un templo budista para encontrar a un maestro que le ayudase. Se acercó a él y le dijo: «Maestro, si medito cuatro horas al día, ¿cuánto tiempo tardaré en alcanzar la iluminación?». El maestro le miró y le respondió: «Si meditas cuatro horas al día, tal vez lo consigas dentro de diez años».

El hombre, pensando que podía hacer más, le dijo: «Maestro, y si medito ocho horas al día, ¿cuánto tiempo tardaré en alcanzar la iluminación?».

El maestro le miró y le respondió: «Si meditas ocho horas al día, tal vez lo lograrás dentro de veinte años».

«Pero ¿por qué tardaré más tiempo si medito más?», preguntó el hombre.

El maestro contestó: «No estás aquí para sacrificar tu alegría ni tu vida. Estás aquí para vivir, para ser feliz y para amar. Si puedes alcanzar tu máximo nivel en dos horas de meditación, pero utilizas ocho, sólo conseguirás agotarte, apartarte del verdadero sentido de la meditación y no disfrutar de tu vida. Haz lo máximo que puedas, y tal vez aprenderás que independientemente del tiempo que medites, puedes vivir, amar y ser feliz».

Si haces lo máximo que puedas, vivirás con gran intensidad. Serás productivo, y serás bueno contigo mismo porque te entregarás a tu familia, a tu comunidad, a todo. Pero la acción es lo que te hará sentir inmensamente feliz. Siempre que haces lo máximo que puedes, actúas. Hacer lo máximo que puedas significa actuar porque amas hacerlo, no porque esperas una recompensa. La mayor parte de las personas hacen exactamente lo contrario: sólo emprenden la acción cuando esperan una recompensa, y no disfrutan de ella. Y ese es el motivo por el que no hacen lo máximo que pueden.

Por ejemplo, la mayoría de las personas van a trabajar y piensan únicamente en el día de pago y en el dinero que obtendrán por su trabajo. Están impacientes esperando a que llegue el viernes o el sábado, el día en el que reciben su salario y pueden tomarse unas horas libres. Trabajan por su recompensa, y el resultado es que se resisten al trabajo. Intentan evitar la acción; ésta entonces se vuelve cada vez más difícil, y esos hombres no hacen lo máximo que pueden.

Trabajan muy duramente durante toda la semana, soportan el trabajo, soportan la acción, no porque les guste, sino porque sienten que es lo que deben hacer. Tienen que trabajar porque han de pagar el alquiler y mantener a su familia. Son hombres frustrados, y cuando reciben su paga, no se sienten felices. Tienen dos días para descansar, para hacer lo que les apetezca, ¿y qué es lo que hacen? Intentan escaparse. Se emborrachan porque no se gustan a sí mismos. No les gusta su vida. Cuando no nos gusta cómo somos, nos herimos de muy diversas maneras.

Sin embargo, si emprendes la acción por el puro placer de hacerlo, sin esperar una recompensa, descubrirás que disfrutas de cada cosa que llevas a cabo. Las recompensas llegarán, pero tú no estarás apegado a ellas. Si no esperas una recompensa, es posible que incluso llegues a conseguir más de lo que hubieses imaginado. Si nos gusta lo que hacemos y si siempre hacemos lo máximo que podemos, entonces disfrutamos realmente de nuestra vida. Nos divertimos, no nos aburrimos y no nos sentimos frustrados.

Cuando haces lo máximo que puedes, no le das al Juez la oportunidad de que dicte sentencia y te considere culpable. Si has hecho lo máximo que podías y el Juez intenta juzgarte basándose en tu Libro de la Ley, tú tienes la respuesta: «Hice lo máximo que podía». No hay reproches. Ésta es la razón por la cual siempre hacemos lo máximo que podemos. No es un acuerdo que sea fácil de mantener, pero te hará realmente libre.

Cuando haces lo máximo que puedes, aprendes a aceptarte a ti mismo, pero tienes que ser consciente y aprender de tus errores. Eso significa practicar, comprobar los resultados con honestidad y continuar practicando. Así se expande la conciencia.

Cuando haces lo máximo que puedes no parece que trabajes, porque disfrutas de todo lo que haces. Sabes que haces lo máximo que puedes cuando disfrutas de la acción o la llevas a cabo de una manera que no te repercute negativamente. Haces lo máximo que puedes porque quieres hacerlo, no porque tengas que hacerlo, ni por complacer al Juez o a los demás.

Si emprendes la acción porque te sientes obligado, entonces, de ninguna manera harás lo máximo que puedas. En ese caso, es mejor no hacerlo. Cuando haces lo máximo que puedes, siempre *te sientes* muy feliz; por eso lo haces. Cuando haces lo máximo que puedes por el mero placer de hacerlo, emprendes la acción porque disfrutas de ella.

La acción consiste en vivir con plenitud. La inacción es nuestra forma de negar la vida, y consiste en sentarse delante del televisor cada día durante años porque te da miedo estar vivo y arriesgarte a expresar lo que eres. Expresar lo que eres es emprender la acción. Puede que tengas grandes ideas en la cabeza, pero lo que importa es la acción. Una idea, si no se lleva a cabo, no producirá ninguna manifestación, ni resultados ni recompensas.

La historia de Forrest Gump es un buen ejemplo. No tenía grandes ideas, pero actuaba. Era feliz porque hacía lo máximo que podía en todo lo que emprendía. Recibió importantes recompensas que no había esperado. Emprender la acción es estar vivo. Es arriesgarse a salir y expresar tu sueño. Esto no significa que se lo impongas a los demás, porque todo el mundo tiene derecho a expresar su propio sueño.

Hacer lo máximo que puedas es un gran hábito que te conviene adquirir. Yo hago lo máximo que puedo en todo lo que emprendo y siento. Hacerlo se ha convertido en un ritual que forma parte de mi vida, porque yo escogí que así fuese. Es una creencia, como cualquier otra de las que he elegido tener. Lo convierto todo en un ritual y siempre hago lo máximo que puedo. Para mí, ducharse es un ritual; con esta acción le digo a mi cuerpo lo mucho que lo amo. Disfruto al sentir el agua correr por mi cuerpo. Hago lo máximo que puedo para que las necesidades de mi cuerpo se vean satisfechas, para cuidarlo y para recibir lo que me da.

En la India celebran un ritual denominado *puja*. En él cogen unas imágenes que representan a Dios de muy diversas maneras y las bañan, les dan de comer y les ofrecen su amor. Incluso les cantan mantras. Las imágenes no son importantes en sí. Lo que importa es la forma en que celebran el ritual, el modo en que dicen: «Te amo, Dios».

Dios es vida. Dios es vida en acción. La mejor manera de decir: «Te amo, Dios», es vivir haciendo lo máximo que puedas. La mejor manera de decir: «Gracias, Dios», es dejar ir el pasado y vivir el momento presente, aquí y ahora. Sea lo que sea lo que la vida te arrebate, permite que se vaya. Cuando te entregas y dejas ir el pasado, te permites estar plenamente vivo en el momento presente. Dejar ir el pasado significa disfrutar del sueño que acontece ahora mismo.

Si vives en un sueño del pasado, no disfrutas de lo que sucede en el momento presente, porque siempre deseas que sea distinto. No hay tiempo para que te pierdas nada ni a nadie, porque estás vivo. No disfrutar de lo que sucede ahora mismo es vivir en el pasado, es vivir sólo a medias. Esto conduce a la autocompasión, el sufrimiento y las lágrimas.

Naciste con el derecho de ser feliz. Naciste con el derecho de amar, de disfrutar y de compartir tu amor. Estás vivo, así que toma tu vida y disfrútala. No te resistas a que la vida pase por ti, porque es Dios que pasa a través de ti. Tu existencia prueba, por sí sola, la existencia de Dios. Tu existencia prueba la existencia de la vida y la energía.

No necesitamos saber ni probar nada. Ser, arriesgarnos a vivir y disfrutar de nuestra vida, es lo único que importa. Di que no cuando quieras decir que no, y di que sí cuando quieras decir que sí. Tienes derecho a ser tú mismo. Y sólo puedes serlo cuando haces lo máximo que puedes. Cuando no lo haces, te niegas el derecho a ser tú mismo. Ésta es una semilla que deberías nutrir en tu mente. No necesitas muchos conocimientos ni grandes conceptos filosóficos. No necesitas que los demás te acepten. Expresas tu propia divinidad mediante tu vida y el amor por ti mismo y por los demás. Decir: «Eh, te amo», es una expresión de Dios.

Los tres primeros acuerdos sólo funcionarán si haces lo máximo que puedas. No esperes ser siempre impecable con tus palabras. Tus hábitos rutinarios son demasiado fuertes y están firmemente arraigados en tu mente. Pero puedes hacer lo máximo posible. No esperes no volver nunca más a tomarte las cosas personalmente; sólo haz lo máximo que puedas. No esperes no hacer nunca más ninguna suposición, pero sí puedes hacer lo máximo posible.

Si haces lo máximo que puedas, hábitos como emplear mal tus palabras, tomarte las cosas personalmente y hacer suposiciones se debilitarán y con el tiempo, serán menos frecuentes. No es necesario que te juzgues a ti mismo, que te sientas culpable o que te castigues por no ser capaz de mantener estos acuerdos. Cuando haces lo máximo que puedes, te sientes bien contigo mismo aunque todavía hagas suposiciones, aunque todavía te tomes las cosas personalmente y aunque todavía no seas impecable con tus palabras.

Si siempre haces lo máximo que puedas, una y otra vez, te convertirás en un maestro de la transformación. La práctica forma al maestro. Cuando haces lo máximo que puedes, te conviertes en un maestro. Todo lo que sabes lo has aprendido mediante la repetición. Aprendiste así a escribir, a conducir e incluso a andar. Eres un maestro hablando tu lengua porque la has practicado. La acción es lo que importa.

Si haces lo máximo que puedas en la búsqueda de tu libertad personal y de tu autoestima, descubrirás que encontrar lo que buscas es sólo cuestión de tiempo. No se trata de soñar despierto ni de sentarse varias horas a soñar mientras meditas. Debes ponerte en pie y actuar como un ser humano. Debes honrar al hombre o la mujer que eres. Debes respetar tu cuerpo, disfrutarlo, amarlo, alimentarlo, limpiarlo y sanarlo. Ejercítalo y haz todo lo que le haga sentirse bien. Esto es una *puja* para tu cuerpo, es una comunión entre Dios y tú.

No es necesario que adores a ninguna imagen de la Virgen María, de Cristo o de Buda. Puedes hacerlo si quieres; si te hace sentir bien, hazlo. Tu propio cuerpo es una manifestación de Dios, y si honras a tu cuerpo, todo cambiará para ti. Cuando des amor a todas las partes de tu cuerpo, plantarás semillas de amor en tu mente, y cuando crezcan, amarás, honrarás y respetarás tu cuerpo inmensamente.

Entonces, toda acción se convertirá en un ritual mediante el cual honrarás a Dios. Después de esto, el siguiente paso consistirá en honrar a Dios con cada pensamiento, con cada emoción, con cada creencia, tanto si es «correcta» como si es «incorrecta». Cada pensamiento se convertirá en una comunión con Dios y vivirás un sueño sin juicios, sin ser una víctima y libre de la necesidad de chismorrear y maltratarte.

❧

Cuando honres estos cuatro acuerdos juntos, ya no vivirás más en el infierno. Definitivamente, *no*. Si eres impecable con tus palabras, no te tomas nada personalmente, no haces suposiciones y siempre haces lo máximo que puedas, tu vida será maravillosa y la controlarás al cien por cien.

Los Cuatro Acuerdos son un resumen de la maestría de la transformación, una de las maestrías de los toltecas. Transformas el infierno en cielo. El sueño del planeta se transforma en tu sueño personal del cielo. El conocimiento está ahí; sólo espera a que tú lo utilices. Los Cuatro Acuerdos están ahí; sólo tienes que adoptarlos y respetar su significado y su poder.

Lo único que tienes que hacer es lo máximo que puedas para honrar estos acuerdos. Establece hoy este acuerdo: «Elijo respetar los Cuatro Acuerdos». Son tan sencillos y lógicos que incluso un niño puede entenderlos. Pero para mantenerlos, necesitas una voluntad fuerte, una voluntad muy fuerte. ¿Por qué? Porque vayamos donde vayamos descubrimos que nuestro camino está lleno de obstáculos. Todo el mundo intenta sabotear nuestro compromiso con estos nuevos acuerdos, y todo lo que nos rodea está estructurado para que los rompamos. El problema reside en los otros acuerdos que forman parte del sueño del planeta. Están vivos y son muy fuertes.

Por esta razón es necesario que seas un gran cazador, un gran guerrero capaz de defender los Cuatro Acuerdos con tu vida. Tu felicidad, tu libertad, toda tu manera de vivir dependen de ello. El objetivo del guerrero es trascender este mundo, escapar de este infierno y no regresar jamás a él. Tal como nos enseñan los toltecas, la recompensa consiste en trascender la experiencia humana del sufrimiento, y convertirse en la encarnación de Dios. Ésa es la recompensa.

Verdaderamente, para triunfar en el cumplimiento de estos acuerdos, necesitamos utilizar todo el poder que tenemos. Al principio, yo no creía que pudiera ser capaz de hacerlo. He fracasado muchas veces, pero me levanté y seguí adelante. No me compadecí de mí mismo. De ninguna manera iba a compadecerme de mí mismo. Dije: «Si me caigo, soy lo bastante fuerte, lo bastante inteligente, ¡puedo hacerlo!». Me levanté y seguí adelante. Me caí y seguí adelante, y adelante, y cada vez me resultó más y más fácil. Sin embargo, al comienzo era tan duro y tan difícil...

De modo que, si te caes, no te juzgues. No le des a tu Juez la satisfacción de convertirte en una víctima. No, sé firme contigo mismo. Levántate y establece el acuerdo de nuevo: «Está bien, rompí el acuerdo de ser impecable con mis palabras. Empezaré otra vez desde el principio. Voy a mantener los Cuatro Acuerdos sólo por hoy. Hoy seré impecable con mis palabras, no me tomaré nada personalmente, no haré suposiciones y haré lo máximo que pueda».

Si rompes un acuerdo, empieza de nuevo mañana y de nuevo al día siguiente. Al principio será difícil, pero cada día te parecerá más y más fácil hasta que, un día, descubrirás que los Cuatro Acuerdos dirigen tu vida. Te sorprenderá ver cómo se ha transformado tu existencia.

No es necesario que seas religioso ni que vayas a la iglesia cada día. Tu amor y tu respeto por ti mismo crecen incesantemente. Puedes hacerlo. Si yo lo hice, también tú puedes hacerlo. No te inquietes por el futuro; mantén tu atención en el día de hoy y permanece en el momento presente. Vive el día a día. *Haz siempre lo máximo que puedas* por mantener estos acuerdos, y pronto te resultará sencillo. Hoy es el principio de un nuevo sueño.

6

EL CAMINO HACIA LA LIBERTAD

Romper viejos acuerdos

TODOS HABLAN DE LIBERTAD. DISTINTAS PERSONAS, diferentes razas y distintos países luchan por la libertad en todo el mundo. Pero ¿qué es la libertad? En Estados Unidos decimos que vivimos en un país libre. Sin embargo, ¿somos realmente libres? ¿Somos libres para ser quienes realmente somos? La respuesta es no, no somos libres. La verdadera libertad está relacionada con el espíritu humano: es la libertad de ser quienes realmente somos.

¿Quién nos impide ser libres? Culpamos al Gobierno, al clima, a nuestros padres, a la religión, a Dios... ¿Quién nos impide, realmente, ser libres? Nosotros mismos. ¿Qué significa, en realidad, ser libres? A veces nos casamos y decimos que perdemos nuestra libertad, pero cuando nos divorciamos, seguimos sin ser libres. ¿Qué nos lo impide? ¿Por qué no podemos ser nosotros mismos?

Tenemos recuerdos de tiempos pasados en los que éramos libres y disfrutábamos de ello, pero hemos olvidado lo que verdaderamente significa la libertad.

Si vemos a un niño de dos o tres años, o quizá de cuatro, descubrimos un ser humano libre. ¿Por qué lo es? Porque hace lo que quiere hacer. El ser humano es completamente salvaje, igual que una flor, un árbol o un animal que no ha sido domesticado: ¡salvaje! Y si observamos a estos seres humanos de dos años de edad, descubrimos que la mayor parte del tiempo sonríen y se divierten. Exploran el mundo. No les da miedo jugar. Sienten miedo cuando se hacen daño, cuando tienen hambre y cuando algunas de sus necesidades no se ven satisfechas; pero no les preocupa el pasado, no les importa el futuro y sólo viven en el momento presente.

Los niños muy pequeños no tienen miedo de expresar lo que sienten. Son tan afectuosos que, si perciben amor, se funden en él. No les da miedo el amor. Ésta es la descripción de un ser humano normal. De niños, no le tenemos miedo al futuro ni nos avergonzamos del pasado. Nuestra tendencia natural es disfrutar de la vida, jugar, explorar, ser felices y amar.

Pero ¿qué le ha pasado al ser humano adulto? ¿Por qué somos tan diferentes? ¿Por qué no somos salvajes? Desde el punto de vista de la Víctima, diremos que nos ocurrió algo triste, y desde el punto de vista del guerrero, diremos que lo que nos sucedió fue normal. Lo que pasa es que el Libro de la Ley, el gran Juez, la Víctima y el sistema de creencias dirigen nuestra vida, y ya no somos libres porque no nos permiten ser quienes realmente somos. Una vez nuestra mente ha sido programada con toda esa basura, dejamos de ser felices.

Esta cadena de aprendizaje que se transmite de un ser humano a otro, de generación en generación, es muy corriente en la sociedad humana. No culpes a tus padres por enseñarte a ser como ellos. ¿Qué otra cosa podían enseñarte sino lo que sabían? Lo hicieron lo mejor que supieron, y si te maltrataron, fue debido a su propia domesticación, a sus propios miedos y a sus propias creencias. No tenían ningún control sobre la programación que ellos mismos recibieron, de modo que no podían actuar de otra forma.

No culpes a tus padres ni a ninguna otra persona que te haya maltratado en la vida, incluyéndote a ti mismo. Pero ya es hora de poner fin a ese maltrato. Ya es hora de que te liberes de la tiranía del Juez y de que cambies los fundamentos de tus propios acuerdos. Ya es hora de que te liberes del papel de Víctima.

Tu verdadero yo es todavía un niño pequeño que nunca creció. En ocasiones, cuando te diviertes o juegas, cuando te sientes feliz, cuando pintas, escribes poesía o tocas el piano, o cuando te expresas de cualquier otro modo, ese niño pequeño reaparece. Éstos son los momentos más felices de tu vida: cuando surge tu yo verdadero, cuando no te importa el pasado y no te preocupas por el futuro. Entonces eres como un niño.

Pero hay algo que cambia todo esto: son lo que llamamos *responsabilidades*. El Juez dice: «Espera un momento, eres responsable, tienes cosas que hacer, tienes que trabajar, tienes que ir a la universidad, tienes que ganarte la vida». Nos acordamos de todas estas responsabilidades y la expresión de nuestro rostro cambia y se ensombrece de nuevo. Si observas a unos niños que juegan a ser adultos, verás de qué manera se transforma la expresión de su cara. Un niño dice: «Juguemos a que soy un abogado», e inmediatamente adopta la expresión del adulto. Si asistimos a un juicio, ésas son las caras que vemos, y eso es lo que somos. Sin embargo, todavía somos niños, pero hemos perdido nuestra libertad.

La libertad que buscamos es la de ser nosotros mismos, la de expresarnos tal como somos. Sin embargo, si observamos nuestra vida, veremos que, en lugar de vivir para complacernos a nosotros mismos, la mayor parte del tiempo sólo hacemos cosas para complacer a los demás, para que nos acepten. Esto es lo que le ha ocurrido a nuestra libertad. En nuestra sociedad, y en todas las sociedades del mundo, de cada mil personas, novecientas noventa y nueve están totalmente domesticadas.

Lo peor de todo es que la mayoría de la gente ni siquiera se da cuenta de que no es libre. Algo en su interior se lo susurra, pero no lo comprende, y no sabe por qué no es libre.

Para la mayoría de las personas, el problema reside en que viven sin llegar a descubrir que el Juez y la Víctima dirigen su vida, y por consiguiente, no tienen la menor oportunidad de ser libres. El primer paso hacia la libertad personal consiste en ser conscientes de que no somos libres. Necesitamos ser conscientes de cuál es el problema para poder resolverlo.

El primer paso es siempre la conciencia, porque hasta que no seas consciente no podrás hacer ningún cambio. Hasta que no seas consciente de que tu mente está llena de heridas y de veneno emocional, no limpiarás ni curarás las heridas y continuarás sufriendo.

No hay ninguna razón para sufrir. Si eres consciente, puedes rebelarte y decir: «¡Ya basta!». Puedes buscar una manera de sanar y transformar tu sueño personal. El sueño del planeta es sólo un sueño. Ni tan siquiera es real. Si entras en el sueño y empiezas a poner en tela de juicio tu sistema de creencias, descubrirás que la mayor parte de las creencias que abrieron heridas en tu mente ni siquiera son verdad. Descubrirás que durante todos estos años has vivido un drama por nada. ¿Por qué? Porque el sistema de creencias que te inculcaron está basado en mentiras.

Por ello es muy importante para ti que domines tu propio sueño; éste es el motivo por el que los toltecas se convirtieron en maestros del sueño. Tu vida es la manifestación de tu sueño; es un arte. Y puedes cambiar tu vida en cualquier momento si no disfrutas de tu sueño. Los maestros del sueño crean una vida que es una obra maestra; controlan el sueño a través de sus elecciones. Todo tiene sus consecuencias, y un maestro del sueño es consciente de ellas.

Ser un tolteca es una forma de vivir en la cual no existen los líderes ni los seguidores, donde tú tienes y vives tu propia verdad. Un tolteca se vuelve sabio, se vuelve salvaje y se vuelve libre de nuevo.

Existen tres maestrías que llevan a la gente a convertirse en toltecas. La primera es la Maestría de la Conciencia: ser conscientes de quiénes somos realmente, con todas nuestras posibilidades. La segunda es la Maestría de la Transformación: cómo cambiar, cómo liberarnos de la domesticación. La tercera es la Maestría del Intento: desde el punto de vista tolteca, el Intento es esa parte de la vida que hace que la transformación de la energía sea posible; es el ser viviente que envuelve toda energía, o lo que llamamos «Dios». Es la vida misma; es el amor incondicional. La Maestría del Intento es, por lo tanto, la Maestría del Amor.

Hablamos del camino tolteca hacia la libertad porque los toltecas tienen un plan completo para liberarse de la domesticación. Comparan al Juez, a la Víctima y el sistema de creencias con un parásito que invade la mente humana. Desde el punto de vista tolteca, todos los seres humanos domesticados están enfermos. Lo están porque un parásito controla su mente y su cerebro, un parásito que se alimenta de las emociones negativas que provoca el miedo.

Si buscamos la descripción de un parásito, vemos que es un ser vivo que subsiste a costa de otros seres vivos, chupa su energía sin dar nada a cambio y daña a su anfitrión poco a poco. El Juez, la Víctima y el sistema de creencias encajan muy bien en esta descripción. Juntos, constituyen un ser viviente formado de energía psíquica o emocional, y esa energía está viva. No se trata de energía material, por supuesto, pero las emociones tampoco son energía material, ni lo son nuestros sueños, y sin embargo, sabemos que existen.

Una función del cerebro es la de transformar la energía material en energía emocional. Nuestro cerebro es una fábrica de emociones. Y ya hemos dicho que la principal función de la mente es soñar. Los toltecas creen que el parásito —el Juez, la Víctima y el sistema de creencias— controla nuestra mente y nuestro sueño personal. El parásito sueña en nuestra mente y vive en nuestro cuerpo. Se alimenta de las emociones que surgen del miedo, y le encantan el drama y el sufrimiento.

La libertad que buscamos consiste en utilizar nuestra propia mente y nuestro propio cuerpo, en vivir nuestra propia vida en lugar de la vida de nuestro sistema de creencias. Cuando descubrimos que nuestra mente está controlada por el Juez y la Víctima y que nuestro verdadero yo está arrinconado, sólo tenemos dos opciones. Una es continuar viviendo como lo hemos hecho hasta ese momento, rindiéndonos al Juez y la Víctima, seguir viviendo en el sueño del planeta. La otra opción es actuar como cuando éramos niños y nuestros padres intentaban domesticarnos. Podemos rebelarnos y decir: «¡No!». Podemos declarar una guerra contra el parásito, contra el Juez y la Víctima, una guerra por nuestra independencia, por el derecho de utilizar nuestra propia mente y nuestro propio cerebro.

Por este motivo, quienes siguen las tradiciones chamánicas de América, desde Canadá hasta Argentina, se llaman a sí mismos *guerreros*, porque están en guerra contra el parásito de la mente. Esto es lo que significa en verdad ser un guerrero. El guerrero es el que se rebela contra la invasión del parásito. Se rebela y le declara la guerra. Pero eso no quiere decir que siempre se gane; quizá ganemos o quizá perdamos, pero siempre hacemos lo máximo que podemos, y al menos tenemos la oportunidad de recuperar nuestra libertad. Elegir este camino nos da, como mínimo, la dignidad de la rebelión y nos asegura que no seremos la víctima desvalida de nuestras caprichosas emociones o de las emociones venenosas de los demás. Incluso aunque sucumbamos ante el enemigo — el parásito — no estaremos entre las víctimas que no se defienden.

En el mejor de los casos, ser un guerrero nos da la oportunidad de trascender el sueño del planeta y cambiar nuestro sueño personal por otro al que llamamos *cielo*. Igual que el infierno, el cielo es un lugar que existe en nuestra mente. Es un lugar lleno de júbilo, en el que somos felices, en el que somos libres para amar y para ser nosotros mismos. Podemos alcanzar el cielo en vida; no tenemos que esperar a morirnos. Dios siempre está presente y el reino de los cielos está en todas partes, pero en primer lugar necesitamos que nuestros ojos sean capaces de ver la verdad y nuestros oídos puedan escucharla. Necesitamos librarnos del parásito.

Podemos comparar el parásito con un monstruo de cien cabezas. Cada una de ellas es uno de nuestros miedos. Si queremos ser libres, tenemos que destruir el parásito. Una solución es atacar sus cabezas una a una, es decir, enfrentarnos a nuestros miedos uno a uno. Es un proceso lento, pero funciona. Cada vez que nos enfrentamos a uno de nuestros miedos, somos un poco más libres.

Una segunda solución sería dejar de alimentar al parásito. Si no le damos ningún alimento, lo mataremos por inanición. Para poder hacerlo, tenemos que ser capaces de controlar nuestras emociones, debemos abstenernos de alimentar las emociones que surgen del miedo. Resulta fácil decirlo, pero es muy difícil hacerlo, porque el Juez y la Víctima controlan nuestra mente.

Una tercera solución es la que se denomina la *iniciación a la muerte*. Esta iniciación se encuentra en muchas tradiciones y escuelas esotéricas de todo el mundo. La hallamos en Egipto, la India, Grecia y América. Es una muerte simbólica que mata al parásito sin dañar nuestro cuerpo. Cuando «morimos» simbólicamente, el parásito también tiene que morir. Esta solución es más rápida que las dos anteriores, pero resulta todavía más difícil. Necesitamos un gran valor para enfrentarnos al ángel de la muerte. Tenemos que ser muy fuertes.

Veamos más de cerca cada una de estas soluciones.

EL ARTE DE LA TRANSFORMACIÓN: EL SUEÑO DE LA SEGUNDA ATENCIÓN

Hemos visto que el sueño que vives ahora es el resultado del sueño externo que capta tu atención y te alimenta con todas tus creencias. El proceso de domesticación puede llamarse *el sueño de la primera atención*, porque así utilizaron por primera vez tu atención para crear el primer sueño de tu vida.

Una manera de transformar tus creencias es concentrar tu atención en todos esos acuerdos y cambiarlos tú mismo. Al hacerlo, utilizas tu atención por segunda vez, y por consiguiente, creas *el sueño de la segunda atención* o el nuevo sueño.

La diferencia estriba en que ahora ya no eres inocente. En tu infancia no era así; no tenías otra elección. Pero ya no eres un niño. Ahora puedes escoger qué creer y qué no. Puedes elegir creer en cualquier cosa, y eso incluye creer en ti.

El primer paso consiste en ser consciente de la bruma que hay en tu mente. Debes darte cuenta de que sueñas continuamente. Sólo a través de la conciencia serás capaz de transformar tu sueño. Cuando seas consciente de que todo el sueño de tu vida es el resultado de tus creencias y de que lo que crees no es real, entonces empezarás a cambiarlo. Sin embargo, para cambiar tus creencias de verdad, es preciso que centres tu atención en lo que quieres cambiar. Debes conocer los acuerdos que deseas cambiar antes de poder cambiarlos.

De modo que el siguiente paso es volverte consciente de todas las creencias que te limitan, se basan en el miedo y te hacen infeliz. Haz un inventario de todo lo que crees, de todos tus acuerdos, y mediante este proceso, empezarás a transformarte. Los toltecas llamaron a esto el Arte de la Transformación, y es una maestría completa. Alcanzas la Maestría de la Transformación cambiando los acuerdos que se basan en el miedo y te hacen sufrir y reprogramando tu propia mente a tu manera. Uno de los procedimientos para llevar esto a cabo consiste en estudiar y adoptar creencias alternativas como los Cuatro Acuerdos.

La decisión de adoptar los Cuatro Acuerdos es una declaración de guerra para recuperar la libertad que te arrebató el parásito. Los Cuatro Acuerdos te ofrecen la posibilidad de acabar con el dolor emocional, y de este modo te abren la puerta para que disfrutes de tu vida y empieces un nuevo sueño. Si estás interesado, explorar las posibilidades de tu sueño sólo dependerá de ti. Los Cuatro Acuerdos se crearon para que nos resultaran de ayuda en el Arte de la Transformación, para ayudarnos a romper los acuerdos limitativos, aumentar nuestro poder personal y volvernos más fuertes. Cuanto más fuerte seas, más acuerdos romperás, hasta que llegues a la misma esencia de todos ellos.

Llegar a la esencia de esos acuerdos es lo que yo llamo *ir al desierto*. Cuando vas al desierto, te encuentras cara a cara con tus demonios. Una vez has salido de él, todos esos demonios se convierten en ángeles.

Practicar los Cuatro Acuerdos es un gran acto de poder. Deshacer los hechizos de magia negra que existen en tu mente requiere un gran poder personal. Cada vez que rompes un acuerdo, aumentas tu poder. Para empezar, rompe pequeños acuerdos que requieran un poder menor. A medida que vayas rompiendo esos pequeños acuerdos, tu poder personal irá aumentando hasta alcanzar el punto en el que, finalmente, podrás enfrentarte a los grandes demonios de tu mente.

Por ejemplo, la niña pequeña a la que le dijeron que no cantase tiene ahora veinte años y todavía continúa sin cantar. Un modo de superar su creencia de que su voz es fea es decirse: «De acuerdo, intentaré cantar aunque sea verdad que canto mal». Entonces, puede fingir que alguien aplaude y le dice: «¡Oh! ¡Lo has hecho de maravilla!». Quizás esto agriete el acuerdo un poco, pero todavía estará allí. Sin embargo, ahora tiene un poco más de poder y coraje para intentarlo de nuevo, y después una y otra vez hasta que, por fin, rompa el acuerdo.

Ésta es una manera de salir del sueño del infierno. Pero necesitarás reemplazar cada acuerdo que te cause sufrimiento y que rompas por uno nuevo que te haga feliz. Así evitarás que el viejo acuerdo vuelva a aparecer. Si ocupas el mismo espacio con un nuevo acuerdo, entonces el viejo desaparecerá para siempre, y su lugar lo ocupará el nuevo.

En la mente existen muchas creencias tan resistentes que pueden hacer que este proceso parezca imposible. Por ello es necesario que avances paso a paso y que seas paciente contigo mismo, porque se trata de un proceso lento. El modo en que vives ahora es el resultado de muchos años de domesticación. No puedes pretender que ésta desaparezca en un solo día. Romper los acuerdos resulta muy difícil, porque en cada acuerdo que establecimos pusimos el poder de las palabras (que es el poder de nuestra voluntad).

Para cambiar un acuerdo, necesitamos la misma cantidad de poder. Es imposible cambiar un acuerdo con un poder menor del que utilizamos para establecerlo, e invertimos la mayor parte de nuestro poder personal en mantener los acuerdos que tenemos con nosotros mismos. Esto sucede porque, en realidad, nuestros acuerdos son como una fuerte adicción. Somos adictos a nuestra forma de ser, a la rabia, los celos y la autocompasión. Somos adictos a las creencias que nos dicen: «No soy lo bastante bueno, no soy lo suficientemente inteligente. ¿Por qué voy a molestarme en intentarlo? Si otras personas lo hacen es porque son mejores que yo».

Todos estos viejos acuerdos dirigen nuestro sueño de la vida porque los repetimos una y otra vez. Por consiguiente, para adoptar los Cuatro Acuerdos, es necesario que pongas en juego la repetición. Al llevar a la práctica los nuevos acuerdos en tu vida, cada vez podrás hacer más y mejor. La repetición hace al maestro.

LA DISCIPLINA DEL GUERRERO: CONTROLAR TU PROPIO COMPORTAMIENTO

Imagínate que te despiertas temprano por la mañana, rebosante de entusiasmo ante un nuevo día. Te sientes feliz, de maravilla, y dispones de mucha energía para afrontar ese día. Entonces, mientras desayunas, tienes una fuerte discusión con tu pareja, y un verdadero torrente de emoción sale fuera. Te enfureces, y gastas una gran parte de tu poder personal en la rabia que expresas. Tras la discusión, te sientes agotado, y lo único que quieres hacer es irte y echarte a llorar. De hecho, te sientes tan cansado, que te vas a la habitación, te derrumbas y tratas de recuperarte. Te pasas el día envuelto en tus emociones. No te queda ninguna energía para seguir adelante y sólo quieres olvidarte de todo.

Cada día nos despertamos con una determinada cantidad de energía mental, emocional y física que gastamos durante el día. Si permitimos que las emociones consuman nuestra energía, no nos quedará ninguna para cambiar nuestra vida o para dársela a los demás.

La manera en que ves el mundo depende de las emociones que sientes. Cuando estás enfadado, todo lo que te rodea está mal, nada está bien. Le echas la culpa a todo, incluso al tiempo; llueva o haga sol, nada te complacerá. Cuando estás triste, todo lo que te rodea te parece triste y te hace llorar. Ves los árboles y te sientes triste, ves la lluvia y te parece triste. Tal vez te sientes vulnerable y crees que tienes que protegerte a ti mismo porque piensas que alguien te atacará en cualquier momento. No confías en nada ni en nadie. ¡Esto te ocurre porque ves el mundo a través de los ojos del miedo!

Imagínate que la mente humana es igual que tu piel. Si la tocas y está sana, la sensación es maravillosa. Tu piel está hecha para percibir la sensación del tacto, que es deliciosa. Ahora imagínate que tienes una herida infectada en la piel. Si la tocas, te dolerá, de modo que intentarás cubrirla para protegerla. Si te tocan, no disfrutarás de ello porque te dolerá.

Ahora imagínate que todos los seres humanos tienen una enfermedad en la piel. Nadie puede tocar a ninguna otra persona porque le provoca dolor. Todo el mundo tiene heridas en la piel, hasta el punto de que tanto la infección como el dolor llegan a considerarse normales; la gente cree que ser así es lo normal.

¿Puedes imaginarte cómo nos trataríamos los unos a los otros si todos los seres humanos tuviésemos esta enfermedad de la piel? Casi no nos abrazaríamos, claro, porque nos dolería demasiado, de modo que tendríamos que mantener una buena distancia entre nosotros.

La mente humana es exactamente igual a la descripción de esta infección en la piel. Cada ser humano tiene un cuerpo emocional cubierto por entero de heridas infectadas por el veneno de todas las emociones que nos hacen sufrir, como el odio, la rabia, la envidia y la tristeza. Una injusticia abre una herida en nuestra mente y reaccionamos produciendo veneno emocional por causa de los conceptos y creencias que tenemos sobre qué es justo y qué no lo es. Debido al proceso de domesticación, la mente está tan herida y llena de veneno, que todos creemos que ese estado es el normal. Sin embargo, te aseguro que no lo es.

Nuestro sueño del planeta es disfuncional; los seres humanos tenemos una enfermedad mental llamada «miedo». Los síntomas de esta enfermedad son todas las emociones que nos hacen sufrir: rabia, odio, tristeza, envidia y desengaño. Cuando el miedo es demasiado grande, la mente racional empieza a fallar y a esto lo denominamos «enfermedad mental». El comportamiento psicótico tiene lugar cuando la mente está tan asustada y las heridas son tan profundas, que parece mejor romper el contacto con el mundo exterior.

Si somos capaces de ver nuestro estado mental como una enfermedad, descubriremos que existe una cura. No es necesario que suframos más. En primer lugar, necesitamos saber la verdad para curar las heridas emocionales por completo: debemos abrirlas y extraer el veneno. ¿Cómo lo podemos hacer? Hemos de perdonar a los que creemos que se han portado mal con nosotros, no porque se lo merezcan, sino porque sentimos tanto amor por nosotros mismos que no queremos continuar pagando por esas injusticias.

El perdón es la única manera de sanarnos. Podemos elegir perdonar porque sentimos compasión por nosotros mismos. Podemos dejar marchar el resentimiento y declarar: «¡Ya basta! No volveré a ser el gran Juez que actúa contra mí mismo. No volveré a maltratarme ni a agredirme. No volveré a ser la Víctima».

Para empezar, es necesario que perdonemos a nuestros padres, a nuestros hermanos, a nuestros amigos y a Dios. Una vez perdones a Dios, te perdonarás por fin a ti mismo. Una vez te perdones a ti mismo, el autorrechazo desaparecerá de tu mente. Empezarás a aceptarte, y el amor que sentirás por ti será tan fuerte, que al final acabarás aceptándote por completo tal como eres. Así empezamos a ser libres los seres humanos. El perdón es la clave.

Sabrás que has perdonado a alguien cuando lo veas y ya no sientas ninguna reacción emocional. Oirás el nombre de esa persona y no tendrás ninguna reacción emocional. Cuando alguien te toca lo que antes era una herida y ya no sientes dolor, entonces sabes que realmente has perdonado.

La verdad es como un escalpelo. Es dolorosa porque abre todas las heridas que están cubiertas por mentiras para así poder sanarlas. Estas mentiras son lo que llamamos «el sistema de negación», que resulta práctico porque nos permite tapar nuestras heridas y continuar funcionando. Pero cuando ya no tenemos heridas ni veneno, no necesitamos mentir más. No necesitamos el sistema de negación, porque se puede tocar una mente sana sin que experimente ningún dolor. Cuando la mente está limpia, el contacto resulta placentero.

Para la mayoría de las personas, el problema reside en que pierden el control de sus emociones. Es el ser humano quien debe controlar sus emociones y no al revés. Cuando perdemos el control, decimos cosas que no queremos decir y hacemos cosas que no queremos hacer. Por este motivo es tan importante que seamos impecables con nuestras palabras y que nos convirtamos en guerreros espirituales. Debemos aprender a controlar nuestras emociones a fin de tener el suficiente poder personal para cambiar los acuerdos basados en el miedo, escapar del infierno y crear nuestro cielo personal.

¿Cómo nos podemos convertir en guerreros? Los guerreros tienen algunas características que son prácticamente iguales en todo el mundo. Son conscientes. Esto es muy importante. Hemos de ser conscientes de que estamos en guerra, y esa guerra que tiene lugar en nuestra mente requiere disciplina; no la disciplina del soldado, sino la del guerrero; no la disciplina que proviene del exterior y nos dice qué hacer y qué no hacer, sino la de ser nosotros mismos, sin importar lo que esto signifique.

El guerrero tiene control no sobre otros seres humanos, sino sobre sí mismo; controla sus propias emociones. Reprimimos nuestras emociones cuando perdemos el control, no cuando lo mantenemos. La gran diferencia entre un guerrero y una víctima es que ésta se reprime y el guerrero se refrena. Las víctimas se reprimen porque tienen miedo de mostrar sus emociones, de decir lo que quieren decir. Refrenarse no es lo mismo que reprimirse. Significa retener las emociones y expresarlas en el momento adecuado, ni antes ni después. Ésta es la razón por la cual los guerreros son impecables. Tienen un control absoluto sobre sus propias emociones y, por consiguiente, sobre su propio comportamiento.

LA INICIACIÓN A LA MUERTE: ABRAZAR AL ÁNGEL DE LA MUERTE

El paso final para obtener la libertad personal es prepararnos para la iniciación a la muerte, tomarnos la muerte como nuestra maestra. El ángel de la muerte puede enseñarnos de qué forma estar verdaderamente vivos. Hemos de tomar conciencia de que podemos morirnos en cualquier momento; sólo contamos con el presente para estar vivos. La verdad es que no sabemos si vamos a morir mañana. ¿Quién lo sabe? Pensamos que nos quedan muchos años por vivir. ¿Pero es así?

Si vamos al hospital y el médico nos dice que nos queda una semana de vida, ¿qué haremos? Como ya he dicho antes, tenemos dos opciones. Una es sufrir porque nos vamos a morir, decirle a todo el mundo:

«Pobre de mí, me voy a morir», y hacer un gran drama. La otra es aprovechar cada momento para ser feliz, para hacer lo que realmente nos gusta hacer. Si sólo nos queda una semana de vida, disfrutemos de ella. Estemos vivos. Podemos decir: «Voy a ser yo mismo. No puedo pasarme la vida intentando complacer a los demás. Ya no tendré miedo de lo que piensen de mí. ¿Qué me importa si me voy a morir dentro de una semana? Seré yo mismo».

El ángel de la muerte nos enseña a vivir cada día como si fuese el último de nuestra vida, como si no hubiera de llegar ningún mañana. Empecemos el día diciendo: «Estoy despierto, veo el sol. Voy a entregarle mi gratitud, y también a todas las cosas y todas las personas, porque todavía estoy vivo. Un día más para ser yo mismo».

Así es como veo yo la vida. Esto es lo que el ángel de la muerte me enseñó: a permanecer completamente abierto, a saber que no hay nada que temer. Por supuesto, yo trato a las personas que quiero con amor porque sé que éste puede ser el último día para poder decirles cuánto las amo. No sé si voy a volver a ver a mis seres queridos, de modo que no quiero pelearme con ellos.

¿Qué ocurriría si tuviese una gran pelea con alguien a quien quiero, le lanzase todo el veneno emocional que tengo contra él o ella, y se muriese al día siguiente? ¡Ay, Dios mío! El Juez me atacaría con dureza y yo me sentiría muy culpable por todo lo que dije. Incluso me sentiría culpable por no haberle dicho a esa persona cuánto la quería. El amor que me hace feliz es el que puedo compartir con la gente que amo. ¿Por qué voy a negar que les quiero? No es importante que me devuelvan ese amor. Quizá muera yo mañana o tal vez muera alguien a quien amo. Lo que me hace feliz es hacerle saber hoy lo mucho que le quiero.

Se puede vivir de esta manera. Si lo haces, te preparas para la iniciación a la muerte. Lo que ocurrirá en esta iniciación es que el viejo sueño que tienes en la mente morirá para siempre. Sí, tendrás recuerdos del parásito — del Juez, de la Víctima y de lo que solías creer — pero estará muerto.

Esto es lo que va a morir en la iniciación a la muerte: el parásito. No resulta fácil emprender esta iniciación porque el Juez y la Víctima luchan con todas sus armas disponibles. No quieren morir. Y entonces sentimos que quien va a morir somos nosotros, y tenemos miedo de esta muerte.

Cuando vivimos en el sueño del planeta, es como si estuviésemos muertos. Si sobrevivimos a la iniciación a la muerte, recibimos el don más maravilloso: la resurrección. Eso quiere decir que renacemos de entre los muertos, estamos vivos, somos nosotros mismos de nuevo. La resurrección es convertirse otra vez en un niño, ser salvaje y libre, pero con una diferencia: en lugar de inocencia, tenemos libertad con sabiduría. Somos capaces de romper nuestra domesticación, recuperar nuestra libertad y sanar nuestra mente. Nos rendimos al ángel de la muerte sabiendo que el parásito morirá y nosotros viviremos con una mente sana y un perfecto juicio. Entonces, seremos libres para utilizar nuestra propia mente y dirigir nuestra vida.

Esto es lo que el ángel de la muerte nos enseña en la tradición tolteca. Se nos aparece y nos dice: «Todo lo que hay aquí me pertenece; no es tuyo. Tu casa, tu pareja, tus hijos, tu coche, tu trabajo, tu dinero: todo me pertenece y me lo puedo llevar cuando quiera, pero por ahora, puedes utilizarlo».

Si nos rendimos al ángel de la muerte, seremos felices para siempre. ¿Por qué? Porque el ángel de la muerte se lleva consigo el pasado para que la vida pueda continuar. Se lleva de cada momento pasado la parte que está muerta, y nosotros continuamos viviendo en el presente. El parásito quiere que carguemos con el pasado, y esto hace que estar vivo resulte muy pesado. Si intentamos vivir en el pasado, ¿cómo vamos a disfrutar del presente? Si soñamos con el futuro, ¿por qué cargar con el peso del pasado? ¿Cuándo viviremos en el presente? Esto es lo que el ángel de la muerte nos enseña a hacer.

7

EL NUEVO SUEÑO

El cielo en la tierra

QUIERO QUE OLVIDES TODO LO QUE HAS APRENDIDO en tu vida. Éste es el principio de un nuevo entendimiento, de un nuevo sueño.

El sueño que vives lo has creado tú. Es tu percepción de la realidad que puedes cambiar en cualquier momento. Tienes el poder de crear el infierno y el de crear el cielo. ¿Por qué no soñar un sueño distinto?

¿Por qué no utilizar tu mente, tu imaginación y tus emociones para soñar el cielo?

Sólo con utilizar tu imaginación podrás comprobar que suceden cosas increíbles. Imagínate que tienes la capacidad de ver el mundo con otros ojos siempre que quieras. Cada vez que abres los ojos, ves el mundo que te rodea de una manera diferente.

Ahora, cierra los ojos, y después, ábrelos y mira.

Lo que verás es amor que emana de los árboles, del cielo, de la luz. Percibirás el amor que emana directamente de todas las cosas, incluso de ti mismo y de otros seres humanos. Aun cuando estén tristes o enfadados, verás que por detrás de sus sentimientos, también envían amor.

Quiero que utilices tu imaginación y la percepción de tus nuevos ojos para verte a ti mismo viviendo un nuevo sueño, una vida en la que no sea necesario que justifiques tu existencia y en la que seas libre para ser quien realmente eres.

Imagínate que tienes permiso para ser feliz y para disfrutar de verdad de tu vida. Imagínate que vives libre de conflictos contigo mismo y con los demás.

Imagínate que no tienes miedo de expresar tus sueños. Sabes qué quieres, cuándo lo quieres y qué no quieres. Tienes libertad para cambiar tu vida y hacer que sea como tú quieras. No temes pedir lo que necesitas, decir que sí o que no a lo que sea o a quien sea.

Imagínate que vives sin miedo a ser juzgado por los demás. Ya no te dejas llevar por lo que otras personas puedan pensar de ti. Ya no eres responsable de la opinión de nadie. No sientes la necesidad de controlar a nadie y nadie te controla a ti.

Imagínate que vives sin juzgar a los demás, que los perdonas con facilidad y te desprendes de todos los juicios que sueles hacer. No sientes la necesidad de tener razón ni de decirle a nadie que está equivocado. Te respetas a ti mismo y a los demás, y a cambio, ellos te respetan a ti.

Imagínate que vives sin el miedo de amar y no ser correspondido. Ya no temes que te rechacen y no sientes la necesidad de que te acepten. Puedes decir: «Te quiero», sin sentir vergüenza y sin justificarte. Puedes andar por el mundo con el corazón completamente abierto y sin el temor de que te puedan herir.

Imagínate que vives sin miedo a arriesgarte y a explorar la vida. No temes perder nada. No tienes miedo de estar vivo en el mundo y tampoco de morir.

Imagínate que te amas a ti mismo tal como eres. Que amas tu cuerpo y tus emociones tal como son. Sabes que eres perfecto tal como eres.

La razón por la que te pido que imagines todas estas cosas es porque ¡son todas totalmente posibles! Puedes vivir en un estado de gracia, de dicha, en el sueño del cielo. Pero para experimentarlo, en primer lugar tienes que entender en qué consiste.

Sólo el amor tiene la capacidad de proporcionarte este estado de dicha. Es como estar enamorado. Flotas entre las nubes. Percibes amor vayas donde vayas. Es del todo posible vivir de este modo permanentemente. Lo es porque otros lo han conseguido y no son distintos de ti. Viven en un estado de dicha porque han cambiado sus acuerdos y sueñan un sueño diferente.

Una vez sientas lo que significa vivir en estado de dicha, lo adorarás. Sabrás que el cielo en la tierra existe de verdad. Una vez sepas que es posible permanecer en él, hacer el esfuerzo para conseguirlo sólo dependerá de ti. Hace dos mil años, Jesús nos habló del reino de los cielos, del reino del amor, pero no había casi nadie preparado para oírlo. Dijeron: «¿A qué te refieres? Mi corazón está vacío, no siento el amor del que hablas, no siento la paz que tú tienes». Eso no es necesario. Sólo imagínate que su mensaje de amor es posible y descubrirás que es tuyo.

El mundo es precioso, es maravilloso. La vida resulta muy fácil cuando haces del amor tu forma de vida. Es posible amar todo el tiempo si uno elige hacerlo. Quizá no tengas una razón para amar, pero si lo haces, verás que te proporciona una gran felicidad. El amor en acción sólo genera felicidad. El amor te traerá paz interior. Cambiará tu percepción de todas las cosas.

Puedes verlo todo con los ojos del amor. Puedes ser consciente de que el amor te rodea por todas partes. Cuando vives de esta manera, la bruma de tu mente se disipa. El *mitote* desaparece para siempre. Esto es lo que los seres humanos hemos buscado durante siglos. Durante miles de años hemos buscado la felicidad, que es el paraíso perdido. Los seres humanos nos hemos esforzado mucho por alcanzarla, y esto forma parte de la evolución de la mente. Éste es el futuro de la humanidad.

Esta forma de vida es posible y está en tus manos. Moisés la llamó la Tierra Prometida, Buda la llamó el Nirvana, Jesús la llamó el Cielo y los toltecas la llaman el Nuevo Sueño. Por desgracia, tu identidad está mezclada con el sueño del planeta. Todas tus creencias y tus acuerdos están ahí, en la bruma. Sientes la presencia del parásito y crees que eres tú. Esto dificulta tu liberación: dejar marchar al parásito y crear un espacio para experimentar el amor. Estás vinculado al Juez y a la Víctima. Sufrir hace que te sientas seguro porque es algo que conoces a la perfección.

Pero, en realidad, no hay razón para sufrir. La única razón por la que sufres es porque eliges hacerlo. Si examinas tu vida, descubrirás muchas excusas para sufrir, pero no encontrarás una buena razón para hacerlo. Lo mismo ocurre con la felicidad. La única razón por la que eres feliz es porque eliges serlo. La felicidad, igual que el sufrimiento, es una elección.

Tal vez no podamos escapar del destino del ser humano, pero podemos elegir entre sufrir nuestro destino o disfrutar de él, entre sufrir o amar y ser feliz, entre vivir en el infierno o vivir en el cielo. Mi elección personal es vivir en el cielo. ¿Y la tuya?

Oraciones

Haz el favor de tomarte unos instantes para cerrar los ojos, abrir tu corazón y sentir todo el amor que emana de él.

Quiero que repitas mis palabras en tu mente y en tu corazón, y que sientas una conexión de amor muy fuerte. Juntos, vamos a pronunciar una oración muy especial para experimentar la comunión con nuestro Creador.

Dirige tu atención a tus pulmones como si sólo existiesen ellos. Cuando tus pulmones se expandan, siente el placer de satisfacer la mayor necesidad del cuerpo humano: respirar.

Haz una inspiración profunda y siente el aire a medida que va entrando en tus pulmones. Siente que no es otra cosa que amor. Descubre la conexión que existe entre el aire y los pulmones, una conexión de amor. Llena tus pulmones de aire hasta que tu cuerpo sienta la necesidad de expulsarlo. Y entonces, espira y siente de nuevo el placer, porque siempre que satisfacemos una necesidad del cuerpo, sentimos placer. Respirar nos proporciona un gran placer. Es lo único que necesitamos para sentirnos siempre felices, para disfrutar de la vida. Estar vivos es suficiente. Siente el placer de estar vivo, el placer del sentimiento del amor...

ORACIÓN PARA LA LIBERTAD

Creador del Universo, hoy te pedimos que compartas con nosotros una fuerte comunión de amor. Sabemos que tu verdadero nombre es Amor, que comulgar contigo significa compartir tu misma vibración, tu misma frecuencia, porque tú eres lo único que existe en el Universo.

Hoy te pedimos que nos ayudes a ser como tú, a amar la vida, a ser vida, a ser amor. Ayúdanos a amar como tú, sin condiciones, sin expectativas, sin obligaciones, sin juicios. Ayúdanos a amarnos y aceptarnos a nosotros mismos sin juzgarnos, porque cuando nos juzgamos, nos hallamos culpables y necesitamos ser castigados.

Ayúdanos a amar todas tus creaciones de un modo incondicional, en especial a los seres humanos, y sobre todo a las personas que nos rodean: a nuestros familiares y a todos aquellos que nos esforzamos tanto por amar. Porque cuando los rechazamos, nos rechazamos a nosotros mismos, y cuando nos rechazamos a nosotros mismos, te rechazamos a ti.

Ayúdanos a amar a los demás tal como son, sin condiciones. Ayúdanos a aceptarlos como son, sin juzgarlos, porque si los juzgamos, los encontramos culpables y sentimos la necesidad de castigarlos.

Limpia hoy nuestro corazón de todo veneno emocional, libera nuestra mente de todo juicio para que podamos vivir en una paz y un amor absolutos.

Hoy es un día muy especial. Hoy abrimos nuestro corazón para amar de nuevo y para decirnos los unos a los otros: «Te amo», sin ningún miedo, de verdad. Hoy nos ofrecemos a ti. Ven a nosotros, utiliza nuestra voz, nuestros ojos, nuestras manos y nuestro corazón para compartir la comunión del amor con todos. Hoy, Creador, ayúdanos a ser como tú. Gracias por todo lo que recibimos en el día de hoy, en especial por la libertad de ser quienes realmente somos. Amén.

ORACIÓN PARA EL AMOR

Vamos a compartir un bello sueño juntos: un sueño que querrás tener siempre. En este sueño te encuentras en un precioso día cálido y soleado. Oyes los pájaros, el viento y un pequeño río. Te diriges hacia él; en su orilla hay un anciano que medita y ves que, de su cabeza, emana una luz maravillosa de distintos colores. Intentas no molestarle, pero él percibe tu presencia y abre los ojos, que rebosan amor. Sonríe ampliamente. Le preguntas qué hace para irradiar esa maravillosa luz, y si puede enseñarte a hacerlo. Te contesta que hace muchos, muchos años, él le hizo esa misma pregunta a su maestro.

El anciano empieza a explicarte su historia: «Mi maestro se abrió el pecho, extrajo su corazón, y de él, tomó una preciosa llama. Después, abrió mi pecho, sacó mi corazón y depositó esa pequeña llama en su interior. Colocó mi corazón de nuevo en mi pecho, y tan pronto como el corazón estuvo dentro de mí, sentí un intenso amor, porque la llama que puso en él era su propio amor.

»Esta llama creció en mi corazón y se convirtió en un gran fuego que no quema, sino que purifica todo lo que toca. Este fuego tocó todas las células de mi cuerpo y ellas me entregaron su amor. Me volví uno con mi cuerpo y mi amor creció todavía más. El fuego tocó todas las emociones de mi mente, que se transformaron en un amor fuerte e intenso. Y me amé a mí mismo de una forma absoluta e incondicional.

»Pero el fuego continuó ardiendo y sentí la necesidad de compartir mi amor. Decidí poner un poco de él en cada árbol, y los árboles me amaron y me hice uno con ellos, pero mi amor no se detuvo, creció todavía más. Puse un poco de él en cada flor, en la hierba y en la tierra, y ellas me amaron y nos hicimos uno. Y mi amor continuó creciendo más y más para amar a todos los animales del mundo. Ellos respondieron a él, me amaron y nos hicimos uno. Pero mi amor continuó creciendo más y más.

»Puse un poco de mi amor en cada cristal, en cada piedra, en el polvo y en los metales, y me amaron y me hice uno con la tierra. Y entonces decidí poner mi amor en el agua, en los océanos, en los ríos, en la lluvia y en la nieve, y me amaron y nos hicimos uno. Y mi amor siguió creciendo todavía más y más. Y decidí entregar mi amor al aire, al viento. Sentí una fuerte comunión con la tierra, con el viento, con los océanos, con la naturaleza, y mi amor creció más y más.

»Volví la cabeza al cielo, al sol y a las estrellas y puse un poco de mi amor en cada estrella, en la luna y en el sol, y me amaron. Y me hice uno con la luna, el sol y las estrellas, y mi amor continuó creciendo más y más. Y puse un poco de mi amor en cada ser humano y me volví uno con toda la humanidad. Dondequiera que voy, con quienquiera que me encuentre, me veo en sus ojos, porque soy parte de todo, porque amo».

Y entonces el anciano abre su propio pecho, extrae su corazón con la preciosa llama dentro y la coloca en tu corazón. Y ahora esa llama crece en tu interior. Ahora eres uno con el viento, con el agua, con las estrellas, con toda la naturaleza, con los animales y con todos los seres humanos. Sientes el calor y la luz que emana de la llama de tu corazón. De tu cabeza sale una preciosa luz de colores que brilla. Estás radiante con el resplandor del amor y rezas:

Gracias, Creador del Universo, por el regalo de la vida que me has dado. Gracias por proporcionarme todo lo que verdaderamente he necesitado. Gracias por la oportunidad de sentir este precioso cuerpo y esta maravillosa mente. Gracias por vivir en mi interior con todo tu amor, con tu espíritu puro e infinito, con tu luz cálida y radiante.

Gracias por utilizar mis palabras, mis ojos y mi corazón para compartir tu amor dondequiera que voy. Te amo tal como eres, y por ser tu creación, me amo a mí mismo tal como soy. Ayúdame a conservar el amor y la paz en mi corazón y a hacer de ese amor una nueva forma de vida, y haz que pueda vivir amando el resto de mi existencia. Amén.

DON MIGUEL RUIZ ES UN MAESTRO DE LA ESCUELA tolteca de tradición mística. Por más de dos décadas se ha dedicado a compartir la antigua sabiduría de los toltecas con sus estudiantes y sus aprendices, guiándolos hacia su propia libertad personal.

Para más información sobre el autor,
visite su página en el Web en:
www.miguelruiz.com